GOLDMANN
ARKANA

Jack Canfield, Mark Victor Hansen
und Theresa Peluso

Hühnersuppe für die Seele

für Kaffee-Liebhaber

Aus dem Amerikanischen von
Peter Kobbe

GOLDMANN
ARKANA

Die amerikanische Originalausgabe erschien 2007 unter dem Titel
»Chicken Soup for the Coffee Lover's Soul.
Celebrating the Perfect Blend« bei Health Communications, Inc.,
Deerfield Beach, Florida, USA.

FSC
Mixed Sources
Product group from well-managed
forests and other controlled sources

Cert no. GFA-COC-1223
www.fsc.org
© 1996 Forest Stewardship Council

Verlagsgruppe Random House FSC-DEU-0100
Das für dieses Buch verwendete FSC-zertifizierte Papier
Munken Premium Cream liefert Arctic Paper Munkedals AB, Schweden.

1. Auflage
Deutsche Erstausgabe

Umschlaggestaltung: UNO Werbeagentur, München
Umschlagmotiv: HG, Fine Pic, München
Satz: Greiner & Reichel, Köln
Druck und Bindung: CPI – Clausen & Bosse, Leck
Printed in Germany
978-3-442-33825-2

www.arkana-verlag.de

Wir widmen dieses Buch
den Romantikern der Kaffeebohne,
die immer auf der Suche
nach der perfekten Tasse Kaffee sind.

Inhalt

Die Geschmacksknospen kitzeln

Entspannende Rendezvous

Einleitung

Bis auf einige wenige Ausnahmen habe ich alle Tage meines Erwachsenenlebens mit einer Tasse heißem Kaffee begonnen – einem Ritual, das weltweit von Millionen geteilt wird. Es macht nicht die geringste Mühe, in meiner modernen Küche mithilfe meiner Kaffeemaschine »Mister Coffee«* eine Kanne Kaffee zuzubereiten, aber Mühelosigkeit und Bequemlichkeit sind in diesem Zusammenhang ziemlich nebensächlich. Ich habe mir meine morgendliche Tasse im tiefsten Winter, beim Zelten im Schnee, zubereitet, nachdem ich viele Kilometer rucksackbepackt in die Berge gewandert war, um die Zivilisation hinter mir zu lassen. Ich kam nicht einmal aus dem Takt, als unsere Gegend kurzfristig von einem Orkan heimgesucht wurde. Meine Prioritäten sind klar: Der Tag muss mit einem energiegeladenen Schuss Kaffee anfangen.

Die Geschichte des Kaffees ist legenden- und mythenumwoben, voller politischer und dramatischer Aspekte. Viele neh-

* »Mr Coffee« ist in den USA die Bezeichnung für die populären Filterkaffeemaschinen der gleichnamigen Firma.

men an, dass der Kaffee ursprünglich aus Kolumbien oder Brasilien kam, aber eigentlich hat er seine Wurzeln in Äthiopien, wo er vor 1000 n. Chr. entdeckt wurde. Der Legende nach war das entlegene Hochland die Heimat eines Ziegenhirten namens Kaldi. Eines Nachmittags kehrten seine Ziegen nicht zurück, und nach stundenlanger Suche entdeckte er sie auf einer Lichtung, beim Spielen. Kaldi bemerkte, dass einige herumtollten, während andere genüsslich die kleinen roten Beeren von einem leuchtend grünen Strauch zerkauten. Neugierig kostete er ein paar Beeren und verspürte ein plötzliches Aufwallen von Energie und freudiger Erregung. Begierig darauf, seine soeben gemachte Entdeckung zu teilen, pflückte er eine Hand voll Beeren, brachte seine Ziegen dazu, ihm zu folgen, und steuerte auf das örtliche Kloster zu. Zuerst verschrien die Mönche die Beeren als ein Werkzeug des Teufels, sahen sich aber bald selbst von der Bohne fasziniert.

Afrikanische Nomaden zerstampften die Früchte, vermischten sie mit Fett und verwendeten sie als kräftigende Nahrung auf Jagdausflügen und kriegerischen Streifzügen. Die vergorenen Schalen und Pulpen wurden sogar als Wein genossen. Die Araber brachten die Pflanze auf den europäischen Kontinent, bauten sie an und schufen einen Kaffeehandel, aber erst die Türken sollten im Jahre 1453 dann tatsächlich einen Trank aus den Bohnen zubereiten. Das Getränk wurde so beliebt, dass die türkische Gesetzgebung rechtsverbindlich einer Ehefrau zubilligte, sich von ihrem Mann scheiden lassen zu können, wenn er sie nicht mit einer ihr für den ganzen Tag ausreichenden Menge Kaffee versorgte. Als Papst Vinzenz III.

Kaffee kostete, folgerte er, dass es »ein Jammer« wäre, »den Ungläubigen die ausschließliche Nutznießung davon zu überlassen«, und segnete ihn als einen für die Christen annehmbaren Trank ab.

Kaffee wurde Mitte des 17. Jahrhunderts in den Vereinigten Staaten eingeführt. Über einhundert Jahre später, als die Boston Tea Party 1773 den Tee in ein ungünstiges Licht rückte, stieg die Beliebtheit von Kaffee stark an. Binnen fünfzehn Jahren war 1 Pfund Kaffee in New York so viel wert wie 4 Morgen Land.

Ende des 19. Jahrhunderts waren in den meisten Großstädten Kaffeeröstereien und Kaffeemühlen gang und gäbe. Als dann die Firma Hills Brothers vakuumverpackten Kaffee in Dosen auf den Markt zu bringen begann, verschwanden die kleinen Röstereien praktisch allesamt. Es blieben lediglich ein paar große Unternehmen übrig, die uns noch heute unter ihrem Firmennamen bekannt sind. Im Jahre 1901 kreierte ein japanisch-amerikanischer Chemiker in Chicago den Instantkaffee, und nur wenige Jahre danach entwickelte ein deutscher Kaffeeimporteur den so genannten Sanka, den ersten entkoffeinierten Kaffee, als unvermutetes Endresultat bei dem Versuch, eine Ladung ruinierter Bohnen irgendwie doch noch verwendbar zu machen.

Als die Regierung der Vereinigten Staaten während der Prohibition in den 1920er Jahren Alkohol verbot, schossen die Kaffeeumsätze nach oben. Und nach weiteren zwanzig Jahren importierten die USA bereits 70 Prozent der weltweiten Kaffeeernte für ihren inländischen Verbrauch. Amerikanische

GIs kämpften im Zweiten Weltkrieg mit Maxwell House Instantkaffee in ihrer Standard-Feldration, während daheim in den Staaten zu jener Zeit das Horten desselben allgemein üblich war.

Heute ist der Kaffee in den Bilderteppich unseres Lebens komplex hineinverwoben. Wir haben das Zubereiten und Mischen bis zu einem Level weiterentwickelt, der bei Weitem das übertrifft, was Achilles Gaggia sich hätte vorstellen können, als er in Italien nach dem Zweiten Weltkrieg die Espressomaschine erfand. Durch die heute erfreulicherweise reichlich vorhandenen Coffeeshops haben wir leichten Zugang zu einem Gutteil vom besten Kaffee der Welt, während unsere örtlichen Tankstellen normalerweise eine Kanne auf der Herdplatte parat halten, für ein schnelles Tässchen zwischendurch. Unser kulturelles Bewusstsein hat den Freihandel hervorgebracht, der den kleinsten Kaffeebauern in den entlegensten Gegenden der Welt die Möglichkeit bietet, aus der Abhängigkeit des Menschen vom Fruchtkern dieser mildtätigen, tiefroten Beere ihren Lebensunterhalt zu verdienen. Ein Pfund Kaffee ist schon für 3 Dollar zu haben oder für sage und schreibe 200 Dollar; das heißt, dass Menschen aus allen Einkommensschichten teilhaben können.

Das leise Brodeln einer Kaffeemaschine oder Espressokanne, das kurze saugende Zischen beim Aufmachen einer vakuumverschlossenen Dose und das unverwechselbare Schrappen, wenn man das Kaffeepulver in einen Filter löffelt, sind Geräusche, die geradezu auf einer Urebene in eine Kaffeeliebhaberseele eingebettet sind.

Aber die hinterhältigere Verlockung des Kaffees liegt im Aroma. Wenn man, die dampfende Tasse in der Hand haltend, den Duft eines Dampfschwadens einatmet, beschwört dies die Geister von auf den uralten Gewürzstraßen dahinziehenden Händlern herauf. Die Aura seines berauschenden, satten Wohlgeruchs schmeichelt uns bei Tagesanbruch sanft aus unseren Träumen heraus und spannt mit seiner Essenz Kinder ein Dutzend Jahre lang verlockend auf die Folter, bevor sie den Nektar zu sich nehmen dürfen, der dann freilich mehr aus Milch als aus Kaffee besteht.

Unsere leidenschaftliche Begeisterung gipfelt darin, dass wir den Wohlgeschmack verkosten. Mit zurückhaltender Erwartung schmeckt ein Kaffee-Liebhaber die Schwere oder Leichtheit einer neuen Röstung heraus. Wir erfreuen uns an der Wahrnehmung von Trockenheit hinten im Mund, die für einen erwünschten Säuregehalt kennzeichnend ist. Zu ebendiesem Zeitpunkt werden Andeutungen von Erdhaftigkeit, Fruchtigkeit, Nussigkeit, ja sogar Schokoladigkeit aus der aromatisch gesättigten Mahlung herausgekitzelt.

Wir baten unsere Beiträger(innen), nach ihrem bevorzugten Elixier zu greifen – Arabica oder Robusta, den beiden wichtigsten Kaffeesorten. Gedankenvoll tranken sie in kleinen Schlückchen, während sie – oftmals beflügelt von der Muse einer Glückstasse – die Geschichten verfassten, deren vergnügliche, besinnliche Lektüre Sie vor sich haben. Auf diesen Seiten feiern wir Leistungen, Errungenschaften, bedauern wir mitfühlend Widrigkeiten, mindern wir Spuren von Leid, bringen wir uns Meilensteine in Erinnerung – die Dinge eben, die jenen viel verschlungenen Gobelin des Lebens weben und wirken.

Kommen Sie, setzen Sie sich ein wenig! Entspannen Sie sich, lassen Sie die »Zu-erledigen«-Liste noch ein bisschen warten, und trinken Sie mit uns eine Tasse Kaffee!

Theresa Peluso

Köstliche Freuden

Gemeinsamer Boden – Common Grounds

Das Leben ist zu kurz für schlechten Kaffee.

Verfasser unbekannt

Dieses Familientreffen in unserer Seehütte in Longville, Minnesota, war wunderbar gewesen. Meine Eltern waren von ihrem Domizil auf Maui hergekommen, um den Sommer damit zu verbringen, vier Generationen wieder zu verbinden. Es war eine Woche voller Bootsfahrten und Lagerfeuer und Lachen gewesen, und meine Mutter hatte sich all das von ihrem Rollstuhl aus angesehen und genossen.

Ihre Urenkelkinder schienen sich darüber im Klaren zu sein, dass sie gebrechlich war, und sie drosselten jedes Mal das Tempo, wenn sie in ihrem Gepurzle und Gewurle zu nahe an sie heranrückten. Sie wussten, dass ihre Arme geschwächt waren und sie sie nicht fest umfangen konnte, also lehnten sie sich behutsam in ihren Schoß und drückten den Kopf an ihre Brust. In Urgroßmutters Lachen und anerkennendem Lächeln teilte sich ihnen spürbar ihre Liebe mit. Abends, nachdem man ihr ins Bett geholfen hatte, stellten wir zweiundzwanzig uns allesamt für einen Gutenachtkuss an ihrer Tür in einer Reihe auf. Die Letzte war immer Joy, meine fünfjährige Enkelin. Sie ließ ihr liebes, scheues Lächeln aufblitzen und umarmte dann ihre Urgroßmutter.

An einem Regentag, an dem die Männer, vom Fischen zwangsweise abgehalten, sich drinnen aufhalten mussten und die Kinder damit zufrieden waren, sich einen Film anzusehen, anstatt auf dem Wasserreifen herumzumanövrieren und zu schwimmen, beschlossen die Frauen, zu einem Damenkaffeeausflug in die Stadt zu fahren. Wir machten uns zurecht, warfen uns in Schale und traten entschieden dafür ein, dass meine Mutter mitfahren solle. »Nein, nein«, sagte sie nur, mit ihrer eingeschränkten Sprechfähigkeit. Aber wir bestanden weiter darauf, indem wir erklärten, dass sich ihr Rollstuhl ganz problemlos in den Coffeeshop fahren ließe; dass wir dort nur blieben, solange sie sich wirklich wohlfühlen würde und dass es ohne sie nicht so viel Spaß machen und absolut etwas fehlen würde. Wir jubelten alle auf, als sie schließlich einwilligend nickte.

Meine Schwester half ihr, sich fertig zu machen, und meine Töchter schoben sie im Rollstuhl zum Van. Ein paar weitere Minuten lang quietschte und klappte die Fliegengittertür der Hütte, während letztsekündliche »Bin-gleich-wieder-da«-Rufe erschallten und noch schnell vergessene Utensilien, von Lippenstiften bis zu Windeln, geholt wurden, gefolgt vom Hin- und Herschieben von Wagensitzen und dem Zuschlagen von Wagentüren, bis jeder endlich sein Plätzchen gefunden hatte. Joy guckte still zu und freute sich an der ganzen fröhlichen Aktion.

»Na komm schon, Joy, spring in meinen Wagen. Du kommst mit Oma mit!« Ich kitzelte sie in eine Umarmung und freute mich schon auf das Alleinsein mit ihr und ihrem Geplapper. Sie kletterte auf den Rücksitz, schnallte sich an und setzte sich, lockenköpfig und sommergebräunt, ihre pinkfarbene Großes-Mädchen-Handtasche fein säuberlich auf dem Schoß platziert.

»Oma«, sagte sie, »ich gehe gern mit den Damen Kaffee trinken.«

»Na ja, du bist ja auch schon eine junge Dame«, versicherte ich ihr.

»Wenn ich in die Stadt fahre, geh' ich normalerweise zum Eisessen«, sagte sie, als sie ihre Handtasche aufschnappen ließ und drinnen herumwühlte, bis sie ihren kleinen Münzbeutel fand. Sie schüttelte ihn, um einzuschätzen, wie viele 1-, 5-, 10- und 25-Centstücke sie sich verdient hatte. Sie war zu jung, um zu merken, dass ihre Eiskremkäufe immer von Opa und Oma oder ihren Tanten und Onkeln oder den Dollars von Papa und Mama bezuschusst wurden.

»Wie viel wird mein Kaffee kosten?«, fragte sie besorgt. »Ich hatte echt eine Menge Gelder, aber jetzt hab' ich nur ein paar Gelder.«

»Mein Häschen, du bist von mir eingeladen. Du kannst jedes Fruchteis haben, das du magst. Ich möchte es feiern, dass ich mit dir zusammen bin.« Lächelnd ließ sie ihren Münzbeutel in ihre Handtasche fallen. Ich wusste, dass sie zum einen mit Freude die Worte der Liebe hörte und zum anderen froh war, dass sie ihr Geld für einen weiteren Eiskremausflug in die Stadt sparen konnte.

»Uroma war mal wirklich krank, oder?«, fragte Joy.

»Ja, Joy. Wir haben großes Glück, dass sie noch bei uns ist.«

»Als du so alt warst wie ich, konnte sie da normal gehen?«

»Ja, aber sicher. Sie begleitete mich in die Schule und trug mich die Stiege hinauf zu Bett. Sie lief neben meinem Fahrrad her, als mein Papa die Stützräder entfernte. Ich erinnere mich an die Küche an kalten Wintermorgen, wie meine Mutter kochend am Herd stand und sich der Kaffeegeruch mit der Wärme des Frühstücks vermischte. Ich erinnere mich daran, wie ich zum ersten Mal bemerkte, dass meine Mutter schön war. Sie ging den Treppenaufgang vor unserem Haus hinunter und setzte sich hin, um uns beim Spielen zuzusehen. Sie hatte einen hübschen geblümten Pullover an und die Lippen in zartem Korallenrot geschminkt, ihre Kaffeetasse schmiegte sich in ihre Hände.«

Die Zeit schwebte an mir vorbei. Im Rückspiegel sah ich mich und meine Enkelin klar widergespiegelt, und doch war ich, jene wenigen Augenblicke lang, wieder ein Kind gewesen. Die damit verbundenen zärtlichen Gefühle rührten mich zu Tränen.

»Deshalb freut es dich so, Uroma zum Kaffee zu bringen, stimmt's, Oma?«, sagte Joy.

»Du hast Recht, mein Schatz. Kaffee wird mich immer dazu

bringen, an meine Mutter zu denken. Vermutlich möchte ich eben jede sich mir irgendwie bietende Gelegenheit wahrnehmen, ihr zu zeigen, dass ich sie liebe.«

»Du möchtest sie feiern«, konstatierte Joy lächelnd.

In einem Wirbel von Aktivität zogen wir alle im Common Grounds Coffeeshop ein. Meine Mutter strahlte und klatschte, während wir sie im Rollstuhl die Auffahrt hinaufschoben, und die intensive Duftwolke von Kaffee empfing uns, als wir die Tür öffneten. Wir machten einen großen heimisch-rustikalen und daher recht bequemen Tisch ausfindig und gingen dann zur Theke, um unsere jeweiligen Kaffeevarianten und Desserts auszuwählen, unsere Bestellungen zu bezahlen und uns bei unseren überdimensionierten Tassen Kaffee zu entspannen.

Während ich auf Joys Getränk wartete, fiel mir plötzlich ins Auge, wie ihr Händchen zur Thekenplatte hinauflangte. Zu klein, um die Oberfläche sehen zu können, streckte sie sich und legte dabei sorgfältig jede einzelne ihrer Münzen, die ganzen siebenundachtzig Cents, nebeneinander hin.

»Joy, Herzchen, du kannst dein Geld wieder in deine Handtasche tun und es für Eiskrem sparen.« Ich strich ihr über das lockige Haar. »Ich feiere dich, erinnerst du dich?«

»Das weiß ich, Oma, aber ich möchte Uromas Kaffee kaufen«, sagte sie ruhig, mit all der Weisheit der jungen Menschen und dem gemeinsamen Wissen der Generationen. »Ich möchte sie auch feiern.«

Cynthia Hamond

Kleiner Steckbrief

Kaffee ist ein Strauch, eine Frucht und ein Getränk.

Der Kaffeestrauch ist eine kleine immergrüne Pflanze mit Trauben duftender weißer Blüten, die zu tiefroten Früchten reifen.

Der Kern der tiefroten Kaffeekirsche birgt die Bohne in sich, die der Mittelpunkt des Universums eines jeden Kaffee-Liebhabers ist.

Die Außenhaut der Kirsche ist bitter und dick. Das Fruchtfleisch darunter, die so genannte Pulpe, ist sehr süß und ähnelt dem einer Grapefruit. Unter dem Fruchtfleisch liegt eine dünne, glitschige Pergamenthaut mit Schleimschicht, die, noch ergänzt durch ein darunter befindliches Silberhäutchen, die blau getönten durchscheinenden Bohnen schützt.

Ein Kaffeestrauch braucht fünf Jahre bis zur vollen Reife, und jeder Baum erbringt jährlich 1 Pfund gerösteter Bohnen. Die meisten Kaffeekirschen bringen zwei Bohnen hervor.

Die Gewohnheit ablegen

Entkoffeinierter Kaffee ist die Mischung des Teufels.

Verfasser unbekannt

Ich wollte ja eigentlich mit niemandem darüber reden, aber letzte Woche kam mein Mann die Treppe herunter zum Frühstück und ertappte mich dabei, wie ich den Toaster anschrie. Sehr zu seiner Ehre ergriff er nicht Partei. Vielmehr klopfte er mir nur auf die Schulter und sagte: »Schatz, ich glaube, du musst deinen Koffeinpegel runterschrauben.«

»Was soll das heißen?«, sagte ich. »Ich komm' klar mit meinem Kaffee. Ich kann nichts dafür, dass der Toaster, den uns deine Mutter zu Weihnachten schenkte, Mucken hat. Ich hab' den Hebel runtergedrückt, und er tut keinen Mucks und will sich partout nicht aufheizen. Und zu deiner Information, Kumpel, ich habe Besseres zu tun, als hier den ganzen Morgen rumzuhängen und drauf zu warten, dass ihm endlich danach ist, Toast zu machen! Also frage ich dich: Was soll ich denn tun? Was? Was? WAS?« Und bei diesen Worten packte ich ihn fest am Kragen.

»Nun, vielleicht liegt's ja an mir«, fuhr er fort, »aber in letzter Zeit wirkst du schon etwas, na ja, gereizt.«

Glauben Sie mir, ich bin so schockiert wie Sie. Wie fast alle anderen auf diesem Planeten trinke ich zirka eine, vielleicht zwei Tassen Kaffee am Tag – zumal wenn man die ein oder zwei Tassen Vorkaffee nicht mitrechnet, die ich mir morgens genehmige, bis ich im Café weiter unten in unserer Straße zu meiner echten Tasse komme. Und die zwei Tassen Instantkaffee nach dem Abendessen habe ich schon immer eher für einen Schlaftrunk gehalten. Also tat ich, was jede hingebungsvolle Ehefrau getan hätte: Ich rief meine Freundin Barb an, um mir eine zweite Meinung einzuholen.

»Sag mal, bin ich in letzter Zeit ein bisschen, du weißt schon: reizbar?«, fragte ich. Einen Moment lang herrschte Schweigen.

»Na ja«, sagte sie schließlich, »neulich hast du beim Lebensmittelladen rumgebrüllt, die Zone mit den Einkaufswagen nehme guten Parkraum in Beschlag.«

Okay, also vielleicht, nur vielleicht, hatte mein Mann Recht. Aber ich bin lang genug auf dieser Erde, um zu wissen, dass ich auch ohne Kaffee durchaus gut funktionieren kann. Ich bin keine Süchtige oder so was, die auf ein Aufputschmittel angewiesen ist, um den Tag irgendwie durchzustehen. Ganz bestimmt nicht! Und so hörte ich denn tags darauf, einfach um ihm zu zeigen, was in mir steckt, Knall auf Fall mit dem Kaffeetrinken auf. Nun, ich weiß, was Sie denken. Irgendetwas »Knall auf Fall« zu tun, sei eine sehr, sehr schlechte Idee. Und Sie haben Recht. Im Grunde genommen kommt das ja in der Redewendung selbst zum Ausdruck. Die stammt aus der Jägersprache – wenn nach dem knallenden Schuss sogleich das Wild umfällt. Ganz schön grob; und die Perspektive dabei ist nicht besonders weitsichtig. Aber über all dies dachte ich damals nicht nach. Ich wusste nur, dass es genauso leicht war, zum Frühstück koffeinfreien Kräutertee zu trinken wie Kaffee. Aber ja: Nach nur einer Tasse konnte ich spüren, wie das ganze Koffein aus meinem Körper hinausdrängte und durch gesunde, krankheitsbekämpfende Antioxidantien ersetzt wurde.

Nun, alles an dieser Gesundheitsförderlichkeit und guten Ernährung wäre großartig gewesen, aber es gab *einen* bestimmten Nachteil: Spätestens ab dem Vormittag fühlten sich meine Augäpfel an, als hingen sie irgendwo unten um meine Knie herum und bekämen jedes Mal, wenn ich einen Schritt machte, einen Tritt versetzt.

»Hör auf herumzubrüllen, Donnerwetter nochmal!«, fuhr ich meinen fünfjährigen Sohn an.

»Ich hab' nichts gesagt, Mama. Das war die Katze.«

Aber was hatte ich denn erwartet? Jeder Idiot weiß, dass man unmöglich hergehen kann, markante Bestandteile aus dem eigenen Speiseplan zu streichen, ohne einige Entzugserscheinungen durchzumachen. Wahrscheinlich ist das der Grund, weshalb meine Freundin Julie, als ich sie anrief, um ihr von meiner neuen koffeinfreien Lebensweise zu berichten, nichts weiter rausbrachte als ein gegrummeltes »dschammgfhappmm«.

Danach trank ich eine weitere Tasse Tee, die mich wach kriegen sollte. Und noch eine. »Mami, du siehst nicht besonders gut aus«, sagte mein Sohn, während ich meine siebte Tasse austrank. Am Nachmittag hatte ich den, wenn auch vielleicht irrtümlichen, Eindruck, als ob drin in meinem Kopf ein Männchen auf einen Amboss hämmerte. Also versuchte ich, Zeitung zu lesen, um mich von den Schmerzen abzulenken, aber ich konnte mich auf keinen Satz lang genug konzentrieren, um ihn bis zum Ende zu schaffen: Etwa in der Mitte fing ich immer an, ins Leere zu starren und über so Dinge nachzudenken wie Hochgeschwindigkeits-Internetzugang oder das erstaunliche Wunder des Lebens oder wo denn eigentlich die ganzen Tupperware-Deckel hinwandern.

Dann kam mir in den Sinn, dass es ja vielleicht nicht schaden würde, Kaffee zu riechen. Ich meine, bloß ein oder zwei Mal dran zu schnuppern. Aber beim Öffnen des Deckels auf der Dose kam mir etwas anderes in den Sinn: Dass ich, wenn ich eine Tasse Kaffee tränke, zwar nach wie vor reizbar, überempfindlich sein würde, ja mich eigentlich GANZ GENAUSO fühlen würde, wie ich mich jetzt fühle; dass aber mein Kopfweh weg wäre und ich, mit ein bisschen Glück, meine geistige Schärfe wiederbekäme. Deshalb machte ich mir eine Tasse. Bloß eine kleine. Aber seien Sie unbesorgt – falls mein Mann dahinterkommt, werde ich ihm sagen, dass mich der Toaster dazu getrieben hat.

Debbie Farmer

Dem Papa Kaffee machen

Nichts bringt einen Vater schneller dazu, vor den Kindern unflätig zu fluchen, als eine Tasse schlechter Kaffee.

K. Hubbard

Sie war mir durchaus nicht unvertraut, diese Kaffeekanne auf dem Herd in unserem 1-Schlafzimmer-Haus, dem Daheim für meinen Papa, meine Oma, meinen Bruder Bobby, meine Schwester Beverly und mich.

Wie uns davor grauste, Papas Kaffee zu machen, wenn wir damit dran waren! So sagte er beispielsweise: »Gary, mach mir eine Tasse Kaffee.« Ich sah mir da gerade, an einem Sonntagnachmittag, in unserem Schwarz-Weiß-Fernseher *Tarzan* an – wie Johnny Weissmüller mit den Löwen oder Alligatoren rang – und wollte das Zimmer nicht verlassen. Papa mochte seinen Kaffee schwarz. Der war nicht schwer zuzubereiten – bloß das Wasser erhitzen, zwei Löffel Instantkaffee in eine Tasse voll fast noch kochendem Wasser geben und sie zu ihm hintragen.

Eines Tages kam ich auf einen boshaften Teenagergedanken.

Wenn er mich das nächste Mal auffordern würde, ihm eine Tasse Kaffee zu machen, würde ich sie so zubereiten, dass er mich nie wieder bitten würde, ihm nochmal eine zu machen! Ich musste nicht sehr lange warten, bis ich meinen verdrehten Plan in die Tat umsetzen konnte; denn schon tags darauf bat er mich, ihm eine Tasse Kaffee zu machen.

Ich schaltete den Herd ein, stellte die alte blaue Kaffeekanne auf die Herdplatte und ließ das Wasser aufkochen. In mich hineinlachend öffnete ich den Deckel der Instantkaffeedose und gab, in der Hoffnung, er werde davon nicht krank werden, vier gehäufte Löffel Kaffee in die wartende Tasse voll siedend heißem Wasser. Ich verhielt mich so, als wäre alles wie sonst auch, und ging die paar Schritte von der Küche zu Papas selbst gezimmertem Schreibtisch, fest davon überzeugt, dieses sei das letzte Mal, dass ich Kaffee für meinen Papa machte. Er dankte mir, als ich die Tasse auf seinen Schreibtisch stellte und wegging.

Verstohlen blickte ich von meinem Posten im Wohnzimmer aus in seine Richtung – und stellte erstaunt fest, dass Papa den Kaffee tatsächlich trank. Er leerte die Tasse sogar ganz! Nein! »Gary Lee! Komm her!«, dröhnte die Stimme meines Vaters, ganz wie ich es vorausgeahnt hatte. *Welche lästigen Extraaufgaben wird er mir dieses Mal zuteilen?*, fragte ich mich.

Ich ging zu ihm rüber; mit niedergebeugtem Kopf wie ein junger Hund, der unartig gewesen ist, aber innerlich lachend, bewegte ich mich langsam zum »Aufseher« hinüber, um mir die schlechte Nachricht zu holen. Den Kopf hebend sah ich in seine durchdringenden himmelblauen Augen – und sein breites Lächeln. Mein Papa öffnete den Mund und sagte: »Gary, das ist die beste Tasse Kaffee, die ich in meinem Leben je getrunken habe!« Na ja, mir war klar, dass meine Tage des Kaffeemachens für Papa alles andere als vorbei waren. Genau genommen kam ich, wie Sie sich wohl denken können, nun noch öfter an die Reihe als vor der Ausführung meines genialen Planes.

Eines Tages wurde der Spieß umgedreht. Mir tat der Magen unheimlich weh, und die Schmerzen wollten nicht aufhören; also machte mir Papa, der ja der Experte in Sachen hausgemachte Heilmittel war, eine Tasse Kaffee. Nur war dieser Kaffee anders. Er gab in die Tasse voll heißem Wasser einen Teelöffel Kaffee, etwas Salz, Pfeffer, Tabascosauce, Gewürze, Zitronensaft und andere Zutaten. Nachdem man mich dazu gebracht hatte, alles davon zu trinken, erbrach ich meinen Mageninhalt und fühlte mich bald wieder besser. Ich sagte Papa nie wieder Bescheid, ob oder wenn mir der Magen wehtat.

Diese Erfahrung ist zweifellos mit ein Grund, warum ich nie einen Geschmack für Kaffee entwickelt habe. Doch für eine Menge anderer Dinge, die mir mein Vater bis zu seinem Hinscheiden vermittelte, habe ich sehr wohl einen Geschmack entwickelt: für Güte, eine Liebe zu Gott, den Wert des Dienens, dafür, wie man ein rechtschaffener Mann wird – und natürlich dafür, wie man eine *wirklich* gute Tasse Kaffee zubereitet.

Gary Carroll

Das Café Martin

Ich beurteile ein Restaurant nach dem Brot
und nach dem Kaffee.

Burt Lancaster

C – o – f – f – e …

Das Wort schloss mich aus dem Buchstabierwettbewerb aus und zwang meine Mutter zu dem beschämenden Gedanken, dass ich den Namen des Lieblingsgetränks meiner Familie nicht buchstabieren konnte.

Ich hatte von vornherein an dem Buchstabierwettbewerb nicht teilnehmen wollen. Meine Mutter bestand darauf. Das Einzige, was sie genauso sehr genoss wie ihren morgendlichen Kaffee, war das Angeben, und sie hatte bereits eine lange Durststrecke hinter sich. Offensichtlich verzweifelt, brachte sie sich zu der Überzeugung, dass ich den Buchstabierwettbewerb spielend würde gewinnen können. Jeden Nachmittag, wenn ich aus der Schule heimkam, paukte sie mir das Buchstabieren von Wörtern ein. »Kaffee« war nicht darunter.

Während der Schuldirektor souverän »Kaffee« richtig buchstabierte, schaute ich hinunter von der Bühne und erkannte den Stoff von dem neuen Kleid, das sich meine Mutter gerade erst geschneidert hatte. Sie saß in der zweiten Reihe, mit offenem Mund und schamrotem Gesicht. Ich fragte mich, ob ich mir wohl für diesen Nachmittag nach der Schule ein paar saftige Hiebe eingehandelt hatte.

Ganz gleich, wie man ihn buchstabiert – Kaffee wurde zum Barometer meiner Seele, meiner Stimmungen, meiner Gesundheit und meines Soziallebens. Wenn ich keinen heftigen Gusto auf eine Tasse dampfenden Gourmetkaffee habe, muss mir nicht erst ein Arzt sagen, dass ich krank bin. Einige meiner liebsten Erinnerungen bestehen aus Ereignissen, die mit Freunden, Verwandten, guten Zeiten und einer Kanne Kaffee auf dem Herd verbunden sind. Mein Mann und ich besuchten jedes Wochenende jeweils ein anderes Café, und schließlich kürten wir unsere Favoriten.

Es bestand nie der geringste Zweifel, dass das Café Martin die übrigen um Längen überragte. Es war ein *Cheers*-Imitat (ein Café aus einer gleichnamigen US-Serie), ein Lokal, wo jeder jeden namentlich kannte. Martin war ein neu zugezogener Londoner, der nicht nur den besten Kaffee in der Stadt servierte, sondern auch einige der besten Speisen. Schottische Eier, Englisches Frühstück, Bratwürste im Schlafrock, seine hauseigene Sorte würziges Curry sowie zig weitere Gerichte wurden in der Küche zubereitet.

Und auch Lebensmittel gab es. Spezialitäten wurden aus England importiert. Wer im Café Martin ohne britischen Akzent sprach, war ganz eindeutig in der Minderheit.

Martin war ein dunkelhäutiger, muskulöser Mann, dessen kohlschwarzes Haar schon ein wenig ins Graue spielte. Er war gute einssiebzig oder einsfünfundsiebzig groß, und er hatte, soviel ich mitbekam, immer nur Shorts und ein Hawaiihemd, ein Hemd aus englischem Jersey oder ein West-Ham-United-Trikot an, wobei Letzteres für seinen geliebten Fußballsport Reklame machte. Babys liebte Martin auch. Es war ihm einerlei, ob sie lächelten oder schrien; er öffnete ihnen seine Arme und trug sie auf den Schultern herum. Er machte sie mit den Freuden der Schlagsahne bekannt, indem er für sie Schüsselchen als kleine Leckerei füllte.

Zur späten Vormittagszeit traf man Martin meistens an einem der Tische draußen vor dem Café sitzend an. Er hatte dann in der einen Hand eine Zigarette und in der anderen eine Tasse Kaffee. Er hielt Hof. Anders ließ sich das nicht beschreiben. Jemand brachte ihm sogar einen Regiestuhl. Intelligent und schlagfertig wie er war, kann ich mir nicht denken, dass ihn jemals irgendwer unterkriegte. Gäste witzelten, wir bekämen unseren Kaffee immer inklusive kleiner Anpöbeleien, aber er war ein gütiger Mann. Ein Gast war wegen einer Scheidung deprimiert, und Martin versuchte, Hilfe für ihn zu finden. Ein Todesfall in der Familie – und schon stand er vor der Tür der betroffenen Person mit ihrem Lieblingsgericht. Wenn jemand in einen Engpass geriet, zögerte er nie, in die eigene Kasse zu greifen. Er war nicht reich, aber Geldzuwendungen machte er häufig. So ein Typ war er.

Martin war ein ganz besonderes »Kaffeegebräu«, ein einzigartiges, eines, das wir alle liebten, eines, das die Schmerzen in der Brust ignorierte, die Vorboten des Herzinfarkts, der ihn umbrachte. »Bloß 'ne Magenverstimmung«, versicherte er seiner Frau.

Der örtliche Streifenpolizist zählte zu den Gästen und war Martins bester Freund. Er hielt bei Martins Gedenkgottesdienst unter Tränen die Trauerrede und erzählte ein paar von ihren Eskapaden. Eine begeisterte ihn besonders: Sein Streifenwagen wurde im Café Martin zu einem bevorzugten Gesprächsthema, nachdem die Kiste in mehrere geringfügige Unfälle mit Blechschaden verwickelt worden war. Auf den cholesterinsenkenden Haferbrei konzentriert, den er zu seinem nachmittäglichen Snack erkoren hatte, bemerkte er nicht, dass Martin währenddessen das Café verließ, aber als er mit seinem Haferbrei fertig war und zu seinem Streifenwagen zurückging, drückten sich die anwesenden Gäste am Fenster des Cafés Martin die Nasen platt. Der Streifenwagen schimmerte im Sonnenschein Floridas. Stets der hilfreiche Freund, hatte Martin ihn in Luftpolsterfolie eingewickelt.

Martin fehlt uns nach wie vor, besonders die kleinen Anpöbeleien. Aber jede Tasse Kaffee ruft eine wundervolle Erinnerung ins Gedächtnis. Und Martin brachte mir bei, Kaffee mit nur *einem* Auslaut-»e« zu buchstabieren – als L-I-E-B-E.

Ruth Coe Chambers

Mittelmeerkaffee

Kaffee hat zwei Vorzüge:
Er ist nass, und er ist warm.

Holländisches Sprichwort

Es nervt mich, wenn so genannte »Experten« in endlosen Worten über den weltbesten Kaffee schreiben. Ich lebe zwar in Schottland, hatte aber eine deutsche Großmutter und wurde daher mit Kaffee aufgezogen. Meine Großeltern hatten einen Lieblingskaffee. Meine Mami gleichfalls, aber sie erklärten ihn nicht zum besten aller Zeiten. Pillar Desabio den ihrigen schon, aber nach reiflicher Überlegung muss ich einräumen, dass in ihrem Fall Ausnahmen gemacht wurden!

Als ich Pillars Bekanntschaft machte, war sie ungefähr sieben Jahre alt, und ich war zum ersten Mal zu Besuch bei meiner Kusine Jackie, im Haus meines Onkels und meiner Tante auf der spanischen Insel Mallorca. Pillar Desabio wohnte gleich nebenan, und sie war Jackies beste Freundin. Pillars Mami und Papa betrieben ein kleines Touristenhotel auf der Insel, und meine Tante beherbergte Pillar oft bei sich zuhause.

Sie war ein ausgesprochen gutmütiges und glückliches Mädchen, und obwohl sie mit spanischem Essen aufwuchs, brannte sie immer darauf, alles Britische zu probieren, was meine Tante zubereitete.

Das Einzige, was Pillar niemals anrührte, war der Kaffee meiner Tante. Meine Tante nahm einfach an, Pillar möge ihn nicht, bis deren Mutter meiner Tante mitteilte, Kaffee gehöre zu Pillars Lieblingsgetränken. Meine Tante versuchte, Pillar zu überreden, konnte sie aber höchstens dazu bringen, Limonaden zu trinken. Als Jackie und ihre Eltern uns schließlich in Schottland besuchen kamen, brachten sie auch Pillar mit. Die Mädchen waren beide mittlerweile etwa dreizehn Jahre alt und freimütiger. Jackie beklagte sich über hunderterlei Dinge, aber das war nun mal ihre Art. Das Einzige, worüber Pillar sich beklagte, war der britische Kaffee. Sie hatte ihn am Londoner Flughafen, bei uns daheim und an ein oder zwei weiteren Orten probiert, und er schmeckte ihr so scheußlich, dass sie nie auch nur *eine* Tasse austrinken konnte. Sie wunderte sich, dass wir solches Zeug trinken konnten, das nicht annähernd nach Kaffee schmeckte.

Ein Jahr später besuchten wir sie alle wieder in Mallorca, und dieses Mal luden uns Pillars Eltern zu einem Essen ins Hotel ein. Jackie und ich gingen miteinander vorzeitig hin, um uns mit Pillar zu treffen und fanden sie in der Hotelküche. Den ganzen Küstenstreifen der Meeresbucht entlang gab es kleine Hotels wie das ihrer Eltern und außerdem Bars und Cafés. Sie platzierte uns am Küchentisch des Hotels und sagte: »Jetzt werd' ich euch echten Kaffee kosten lassen!« Sie kam mit einer Metallkaffeekanne herüber und schenkte uns eine Tasse schwarzen, augenscheinlich recht starken Kaffee ein. Da ich bereits spanischen Espressokaffee probiert hatte, irritierte mich das weiter nicht. Ich mochte die sehr starke Variante durchaus. Ich nahm *ein* Schlückchen, und mein Blick begegnete dem Jackies, die nur zu gut wusste, was ich von meiner ersten Kostprobe dieses »Spezialgetränks« halten würde. Ich hätte sie erwürgen können – weil sie mich nicht vorgewarnt hatte –, während ich versuchte, es hinunterzuschlucken und zu lächeln und dabei zugleich entsprechend beeindruckt zu wirken. Nicht leicht hinzukriegen, wo es doch eher nach schwarzem Meerwasser als nach Kaffee schmeckte!

Damals gehörte Spanien noch nicht zur Europäischen Union, und daher waren die Bestimmungen hinsichtlich Wasserversorgungen und dergleichen viel »lockerer«. An irgendeiner Stelle der Leitung zu diesem Hotel und noch anderen in der Gegend wurde Trinkwasser mit Meerwasser versetzt! Dieser »echte« Kaffee war ziemlich salzig, aber ich zwang mich dazu, ihn zu trinken, während Pillar dastand und mir zusah, weil ich ihre Gefühle nicht verletzen wollte.

»Ist das nicht der beste Kaffee, den du je gekostet hast?«, fragte sie schwärmerisch.

»Pillar, so einen Kaffee hab' ich bisher noch nie gekostet!«, brachte ich zu ihrer Zufriedenheit heraus.

Nun denn – jedes Mal, wenn ich die Experten behaupten höre, dieser oder jener sei der beste auf der Welt, lächle ich in mich hinein und denke an Pillar. Sie setzte sich an jenem Tag neben uns hin und schlürfte an einer großen Tasse voll Kaffee von ihrer Mutter, und ihr Gesicht glühte vor Stolz, war sie doch fest davon überzeugt, dass niemand ihn so zubereiten konnte.

»Es heißt, der beste Kaffee kommt aus Brasilien«, sagte sie, »aber die machen ihn dort nicht so wie wir im Mittelmeerraum.« Eine plausible Vorstellung, weil sie ihn ja aus dem Mittelmeer selbst machten!

Joyce Stark

Methoden, die Bohne zu brühen:

Der Ibrik (oder Cezve oder Briki)

Der Ibrik ist eine mit einem langstieligen Griff versehene Kanne zur Zubereitung von türkischem Kaffee, einer der exotischsten Formen gebrühten Kaffees. Ursprünglich aus Messing oder gehämmertem Kupfer gefertigt, diente er dazu, im heißen Wüstensand Kaffee brühen zu können, aber die heutigen Modelle aus Edelstahl sind voll an den Herd angepasst. Eine Ibrik-Kanne ist generell klein und oben immer schmaler als unten – eine Form, die beim Brühen eines einwandfreien türkischen Kaffees unerlässlich ist.

Füllen Sie dafür den Ibrik zu zwei Dritteln mit Wasser, fügen Sie dann noch, falls gewünscht, Zucker hinzu. Geben Sie dann für jeweils 30 Milliliter Wasser einen gehäuften Teelöffel sehr fein gemahlenen, fast pulverisierten türkischen Kaffee auf das Wasser.

Der Kaffee bildet eine Art Kappe auf dem Wasser, und beim Erhitzen des Ibriks brodelt dann das siedende Wasser nach oben durch die Kaffeeschicht hindurch. Nehmen Sie, wenn das Wasser aufschäumt, den Ibrik von der Herdplatte (oder aus dem heißen Sahara-Wüstensand), und stellen Sie ihn, sobald es nicht mehr siedet und aufwallt, wieder auf den Herd zurück.

Sobald Ihr Kaffee viermal aufgeschäumt hat, ist er fertig. Falls der Kaffee im Ibrik regelrecht kocht, bedeutet das, dass die verwendete Menge Kaffeepulver nicht ausreicht. Bei größeren Ibriks ist da schon einiges Experimentieren angebracht. Rühren Sie um, und servieren Sie in Espressotassen. Warten Sie mit dem Trinken, bis der Kaffee sich gesetzt hat.

Kaffee mit Milch, bitte

Der Kaffee in England ist bloß geröstete Milch.

Christopher Fry

Im Lauf der Jahre ist Kaffee mein Prüfmittel für die Qualität eines Restaurants geworden – nicht bloß der Geschmack, sondern die Art, wie er serviert wird. Ich bestelle Kaffee, halte dann inne und füge resolut hinzu: »Mit viel Milch, bitte.« Wenn die Bedienung ihre Sache gut macht, hat das Restaurant bestanden, und ich werde wieder hingehen. Wenn nicht, gebe ich dem Restaurant vielleicht noch eine zweite Chance, aber wenn es ein zweites Mal durchfällt, werde ich mir ein anderes Lokal zum Essen suchen. Für das Suchen habe ich eine Menge Zeit aufgewendet.

Mit achtzehn fand ich die perfekte Rezeptur für Kaffee heraus – eine, die ich nie geändert habe. Lange bevor die meisten Nordamerikaner die Freuden des Caffè Latte (oder Milchkaffees) entdeckten, trank ich meinen Kaffeemix mit zwei Anteilen Kaffee und einem Anteil Milch. Zu wenig Milch bedeutete ein starkes, bitteres Gebräu. Zu viel davon – und der Kaffee schmeckte nach nichts. Die richtige Menge Milch glättete die rauen Kanten des Kaffees und kühlte ihn auf die perfekte Temperatur ab. Ich liebte die Wärme der meinen Mund füllenden und mir die Kehle hinunterrieselnden Flüssigkeit.

Daheim wurden meine Kaffee-Trinkgewohnheiten akzeptiert oder zumindest toleriert. Meine Mutter pflegte zu lächeln und mich zu necken: »Willst ein bisschen Kaffee zu deiner Milch?« Ich nickte dann und sah zu, wie sie vorsichtig meinen Kaffee einschenkte und in der Tasse noch viel Platz für Milch übrig ließ. Meine ältere Schwester sah mich verachtungsvoll an, aber das tun ältere Schwestern ja häufig. Mein Vater, der seinen Kaffee so heiß trank, dass sich die meisten Leute daran verbrüht hätten, schüttelte einfach nur den Kopf. Mir war das alles egal. Ich hatte gefunden, was bei mir wirkte.

Restaurants erwiesen sich als schwieriger. Dabei spielte es keine Rolle, ob das Restaurant eine billige Fressbude war, die einzel portionierte Milch oder Kaffeesahne in Plastikbehältern einsetzte, oder ein elegantes gehobenes Etablissement, das hierzu silberne Kännchen servierte. In jedem Restaurant machte ich die gleichen Erfahrungen. Meistens brachte das Bedienungspersonal Sahne statt Milch oder musste bei jedem Nachschenken daran erinnert werden, zusätzlich noch Milch zu bringen. Als eine meiner Bekannten zum ersten Mal mit anhörte, wie ich Kaffee bestellte, fragte sie: »Warum legst du solchen Nachdruck auf die Milch statt auf den Kaffee?« Als begeisterte Kaffeeanhängerin hielt sie es für kriminell, der Milch mehr Aufmerksamkeit zu schenken als dem Kaffee.

Im Verlauf der nächsten paar Monate entwickelten mein

Freund und ich ein Sonntagsritual, das ein großes Frühstück mit drei Tassen Kaffee sowie einen anschließenden Spaziergang zum Kalorienabbau umfasste. Wir probierten verschiedene Restaurants in der Gegend aus, bis wir uns schließlich für *ein* Restaurant entschieden – teils wegen des Essens, aber hauptsächlich wegen des Service. Als wir das erste Mal hingingen, bestellte ich wie üblich »mit viel Milch, bitte«. Die Kellnerin brachte sechs kleine Milchdöschen. Ich strahlte. Als ich bat, mir nachzuschenken, kam sie mit sechs weiteren Döschen an. Ich strahlte noch etwas intensiver. Und dann mit sechs weiteren für meine dritte Tasse Kaffee. Ich strahlte heller als die Sonne. Mein Freund seufzte erleichtert, weil uns langsam die Restaurants ausgingen, die wir noch hätten ausprobieren können.

Ein olfaktorisches Abc

Bitterkeit, Säure und Adstringenz gelten gemeinhin als herausragende Merkmale des Kaffees. Diese werden in der Mundhöhle wahrgenommen, sobald bestimmte Verbindungen im Kaffee mit den Papillen (kleinen, teils makroskopisch sichtbaren Erhebungen) auf der Zunge interagieren.
Aroma wird in der Nasenhöhle wahrgenommen, durch das Riechen des Kaffees, oder »retronasal«, über den Nasen-Rachen-Raum, wenn nach dem Hinunterschlucken des Kaffees die flüchtigen aromatischen Verbindungen mit dem Ausatmen in die Nasenwege zurückdriften.

Als wir das zweite Mal hingingen, setzten wir uns in denselben Bereich. Die Kellnerin lächelte, als sie uns sah, und brachte einen mit zwanzig Einzelportions-Milchdöschen gefüllten

Teller. Die anschließenden fünfundvierzig Minuten über ließ sie den Kaffee kontinuierlich kommen – heiß und stark. Mein Freund mochte den Kaffee; ich mochte den Service. Die Kellnerin bekam ein schönes Trinkgeld.

Eines Morgens – nachdem wir bereits etwa fünf Monate dort hingingen – trafen wir in dem Restaurant etwas später als sonst ein. Der Servicebereich unserer Stammkellnerin war voll besetzt. Wir nickten ihr zu, als wir einen Tisch weiter hinten wählten. Ein anderer Kellner nahm unsere Bestellung auf. Als er zur Kaffeetheke ging, fiel mir auf, dass unsere Kellnerin mit ihm sprach und in unsere Richtung deutete. Und richtig: Gleich darauf bekamen wir Tassen mit frischen Kaffee samt einem gehäuften Teller voller kleiner Milchdöschen. Ich entspannte mich. Ich hatte wirklich ein Restaurant gefunden, dessen Bedienungspersonal sich wohl bewusst war, dass guter Service, sowie auch guter Kaffee, in vielerlei Gestalt erscheint. Bei mir erscheint er mit Milch, bitte.

Harriet Cooper

In der Zwischenzeit

Das scheint tatsächlich das Grundbedürfnis des Menschenherzens in fast allen großen Krisen zu sein – eine gute, heiße Tasse Kaffee.

Alexander King

Ich trinke zwei Tassen Kaffee in der Woche. Also ehrlich! Eine am Montagvormittag. Und eine zweite am Donnerstagvormittag. Und ich freue mich wirklich auf sie.

Seit nunmehr etlichen Jahren stehe ich in aller Herrgottsfrühe auf, wie ich es zu tun pflegte, als ich noch unterrichtete, und eile den Arrow Boulevard hinunter in Richtung St.-Catherine-Kirche. Die Messe beginnt um acht, also sorge ich dafür, dass ich hinkomme, bevor die Kirchenglocken läuten.

Nach der Messe gehen meine Freundin Jo und ich zu ihr nachhause, um dort zu frühstücken. Kaum sind wir in der Küche angelangt, da dreht Jo auch schon den Knopf an ihrem Gasherd, und die irisierende Flamme unter dem Kessel voll Wasser, de, nur auf unser Wiedereintreffen gewartet hat, beginnt zu tanzen. Jo gibt dann frisches Kaffeegranulat in eine leere zylindrische Glaskaffeekanne europäischer Machart, gießt das kochende Wasser hinein und stellt sie auf den Tisch. Ich warte ein paar Minuten und drücke dann den kleinen schwarzen Pressstempelknopf in der Mitte ihres Deckels runter, wodurch das fertige Produkt in der Kanne nach oben befördert wird. Und, voilà, der Kaffee ist parat zum Einschenken in die weißen, in ihren passenden Untertellern sitzenden Porzellantassen. Ich greife nach der Milch; Jo nimmt nur Zucker.

Zusammen mit einer Freundin eine Tasse Kaffee zu trinken, hat etwas Wohltuendes an sich. Es schmeckt einfach besser. Während Jo und ich uns in kleinen Schlückchen unseren Kaffee zu Gemüte führen, kombiniert mit gebuttertem Aprikosenmarmelade-Toast, reden wir über alles, was sich eben so ergibt. Aber aus irgendeinem Grund, vielleicht ja nur, weil wir zweisam am Küchentisch sitzen, sie auf der einen Seite, ich auf der anderen, fällt es uns leicht, unsere Herzen zu öffnen und unsere innersten Gefühle zum Ausdruck zu bringen.

»Mir fehlt meine Mama«, flüstere ich. »Dreiundneunzig Jahre lang hat sie gelebt, bis dieser unverfrorene Dieb sich in ihr Leben einschlich und sie uns schamlos gestohlen hat. Es war schlimm genug, dass er ihr das Gedächtnis wegnahm, den Verstand. Wieso musste er auch sie fortnehmen?« Und ich beginne zu weinen, lasse meinen Tränen freien Lauf. Der Schmerz ist noch frisch.

Meine Freundin hört zu und trinkt dabei in kleinen Schlückchen ihren Kaffee. Auch ihr kommen die Tränen. Und die Heilung beginnt.

Sie war eine gute Mutter. Ich erinnere mich an kein einziges

Sonntagsessen, bei dem keine selbst gemachte Pasta auf dem Tisch stand, in einer Schüssel, die groß genug war, um eine Armee zu verköstigen. Alles war selbst gemacht – die Soße, das Brot, ja sogar die Wurst. Und zum Nachtisch eine Tasse heißen Kaffee und selbst gebackenen Apfelkuchen. In der Küche duftete es immer nach frisch gekochtem Kaffee.

Papa mochte seinen Kaffee stark, espressomäßig. »Wie in der alten Heimat«, pflegte er zu sagen. Mama mochte ihren Kaffee mit Sahne und Zucker, in der Tönung kaffeefarbener Strümpfe. Und ich mochte meinen mit Milch. Ab und an einen Caffè Latte. Andere Male wieder einen Cappuccino. Wir saßen dann alle da und unterhielten uns stundenlang – meine Mama, mein Papa, meine Schwestern, mein Bruder und ich – unsere klirrenden Kaffeetassen in rhythmisch zusammenspielendem Gleichklang.

»Weißt du noch, Mama, wie wir Opa auf dem Bahnhof nicht finden konnten und …«

»… und er schon im Zug war«, stimmt Mama lachend ein. »Er reiste so gern. Er war immer der Erste an Bord.«

Mama erinnerte sich früher an alles. Wenn man irgendetwas über irgendeine Sache wissen wollte – einfach Mama fragen. Und dann eines Tages konnte sie sich nicht erinnern, wo die Toilette war. Oder ob sie schon gefrühstückt hatte. Oder dass wir bei ihr gewesen waren, sobald wir nur mal kurz aus dem Zimmer gingen. Zum Schluss konnte sie sich nicht einmal erinnern, wie viele Kinder und Enkelkinder sie hatte, geschweige denn an ihre Namen.

Und so kam denn ich an die Reihe, den Kaffee zu machen. Ich füllte ihre große braune Tasse, auf der mit kühnen, schwungvollen Buchstaben das Wort »Mama« eingekratzt war, und holte mir selbst die mit dem knallbunt aufgemalten Weihnachtsbaum. Ganz egal zu welcher Jahreszeit – ich liebte das weihnachtliche Gefühl in meinen Händen. Es schien so viel Hoffnung zu bieten.

Schlückchenweise tranken wir unseren Kaffee aus unseren Lieblingstassen und freuten uns über diese gemeinsame Zeit. Bisweilen unterhielten wir uns; bisweilen nicht. Gelegentlich sagte Mama etwas, und ein paar Minuten später sagte sie es nochmals. Und dann nochmals. Da hielt ich meine Hoffnungstasse noch etwas fester in den Händen. Ich wusste, dass der Alzheimer-Bandit zugange war, sie uns wegzunehmen. Und wir konnten absolut nichts machen, um dies aufzuhalten.

Das sind einige der Gedanken, die ich zum Montag- und Donnerstagvormittagstisch bei mir trage, wo ich den Kaffeewohlgeschmack und Gedanken mit einer guten Freundin teile. Unsere weißen Porzellantassen sitzen in ihren passenden Untertellern und nehmen an unserem Gespräch teil. Und plötzlich scheint gefühlsmäßig mit der Welt alles in Ordnung zu sein. Wenn ich dann weggehe, nehme ich dieses warme, wohlige Gefühl mit und verstaue es in meinem Herzen bis zu unserem nächsten Zusammentreffen.

In der Zwischenzeit gibt es Vormittage, wo ich an meinem eigenen Küchentisch sitze und meinen Kaffee schlückchenweise aus der großen braunen Tasse mit dem darauf in kühnen, schwungvollen Buchstaben eingekratzten Wort »Mama« trinke. Ich begrüße seine tröstende Annehmlichkeit und die

Erinnerungen an meine Mutter, wie sie früher war – gesund, dynamisch, rege. Und ich halte meine Tasse etwas fester; das Aroma frischen Kaffees und schöne Erinnerungen erfüllen den Raum.

Lola di Giulio de Maci

Methoden, die Bohne zu brühen:

French Press (oder Bodum)

Eine köstliche Tasse Kaffee, und obendrein eine, die Sie ganz besonders leicht zubereiten können, lässt sich mit der French Press oder Press-Stempelkanne kochen.

Die French Press besteht aus einer zylinderförmigen, in vielen Volumengrößen erhältlichen Borosilikatglaskanne und einem durch die Mitte des Kannenverschlussdeckels geführten Pumpstab, der am unteren Ende mit einem feinmaschigen kreisrunden Edelstahlfilter versehen ist.

Zur Kaffeezubereitung in einer French Press bringen Sie Wasser in einem Kessel fast bis zum Kochen. Ein entscheidender Punkt für ein befriedigendes Brühergebnis ist, dass Sie den Glasbehälter, kurz bevor Sie Ihr Kaffeepulver hineingeben, vorwärmen, so wie Sie bei der Teezubereitung die Kanne anwärmen würden.

Geben Sie Kaffeepulver von mittlerem bis grobem Mahlgrad in den vorgewärmten Glasbehälter, und zwar so viel, wie Sie für Ihren Lieblingsfilterkaffee verwenden würden.

Gießen Sie Ihr beinahe zum Kochen gebrachtes Wasser in den Glasbehälter, warten Sie 2 – 3 Minuten, bis sich der Kaffee gesetzt hat, und drücken Sie dann den Pumpstab durch den aufgesetzten Deckel nach unten, um so den Kaffee zu filtern. Ihr Kaffee ist damit tischfertig.

Das Verwenden einer French Press stellt sicher, dass keine ätherischen Öle abgefangen werden, wie dies beim Filterkaffee geschieht, und das Wasser nie zu heiß ist; allerdings haben Sie womöglich ein bisschen Kaffeesatz in Ihrer Tasse.

Koffein und ein Lächeln

Wenn man beim Wachwerden gleich den Kaffee riecht,
fällt es einem schwer, wieder einzuschlafen.

Fran Drescher

Der Wecker rüttelte mich in die dunkle Vormorgendämmerung. Immer noch schlaftrunken, schleppte ich mich durch meine morgendliche Routine – duschen, ankleiden, Haare föhnen, Make-up auftragen, die Katze tätscheln, die Fische füttern, was zum Essen und Trinken einpacken, die Katze tätscheln, Fitnesstrainingskleidung einpacken, Ehemann, Sohn und Katze ein Abschiedsküsschen geben.

Ich trat in die eisige Luft hinaus und stellte fest, dass mein Kleintransporter mit einer glänzenden Eisschicht überzogen war. Ich startete den Motor, stellte Heizung und Gebläse auf die höchste Stufe und steuerte los zur Arbeit, als das Eis so weit abgeschmolzen war, dass ich durch die Windschutzscheibe sehen konnte. Ich fröstelte und freute mich auf heißen Kaffee. Jeden Morgen mache ich auf dem Weg zur Arbeit einen Zwischenstopp, um Kaffee zu trinken. Den restlichen Tag über bin ich Teetrinkerin, aber mein Morgenkaffee war eine Gewohnheit, die ich nicht aufgeben wollte. Ich begrüßte den scharfen Geschmack, der bewirkte, dass meine Augen sich ganz öffneten, und das Koffein, das den Eisschlamm in meinen Adern schmolz und das Blut wieder zum Fließen brachte.

An diesem Morgen stand eine lange Schlange für den Kaffee an; auch andere warteten auf ihren warmen Augenöffner an einem Wintermorgen. Im Schneckentempo kurvte ich zur Sprechanlage, um meine Bestellung aufzugeben. »Kann ich etwas für Sie tun?«, ertönte die rauschgestörte Stimme. »Ja, einen mittelgroßen French Vanilla mit entrahmter Milch. Keinen Zucker, bitte.« »Fahren Sie auf, bitte.« Aber die Schlange rührte sich nicht. Vor mir standen drei Wagen im Leerlauf, die zerflatternde Fetzen von Auspuffgasen in die frostige Luft entsandten.

Ich saß da, während Minuten verstrichen. Sechzig Sekunden wurden zu fünf Minuten und wuchsen zu sieben an. Ich würde definitiv zu spät zur Arbeit kommen. Nicht unverfängliche wenige Minuten, sondern eine gravierende Menge Zeit zu spät. Verärgerung setzte ein. Es ist eine Sache für sich, wenn ich aufgrund meiner eigenen Entscheidungen ein bisschen zu spät komme – indem ich die Katze tätschle, einen Zwischenstopp für Kaffee mache –, aber jetzt ließ mich jemand anderes zu spät kommen, und ich war sauer. Ich kurbelte mein Seitenfenster herunter und streckte den Kopf hinaus, um nachzusehen, wodurch es zu dieser Verzögerung kam. Meine Frustration bildete eine dampfige Wolke, als mein Atem auf die Frostkälte traf.

Eine junge Frau im ersten Wagen lockerte ihre Haare auf und malte sich die Lippen an. Was hatte sie da bestellt, dessen Zubereitung zehn Minuten dauerte? Sie hatte augenscheinlich alle Zeit der Welt. Sie überprüfte ihre Zähne in ihrem Rückspiegel, anschließend weiteres Haare-Aufgelockere. Ich fing an, sie nicht zu mögen. Rücksichtslos und eitel, ließ sie mich zu spät kommen. Nach dreizehn Minuten händigte der Kassierer der Auflockerfrau eine prall gefüllte Tüte aus, dann noch eine, dann eine dritte und eine vierte. Auflockerchen händigte dem Kassierer Geld aus, Wechselgeld wurde herausgegeben, und weg war sie, in einer Wolke von Auspuffgasen, und kam wahrscheinlich pünktlich zur Arbeit. Ich war später dran als je, und Besorgnis trat gegen meinen Magen.

Als ich heranfuhr und anhielt, um mir meinen kleinen Kaffee abzuholen, moserte ich vor dem Kassierer beim Bezahlen über unverschämte, selbstsüchtige Leute. Ich steckte meinen Kaffee in den Becherhalter und scherte wieder in den Verkehr ein. Der Wagen füllte sich mit jenem durchdringenden Geruch gerösteter Kaffeebohnen, scharf, aber höchst angenehm, dem gleichen Geruch, der mich als Kind geweckt hatte. Sein bittersüßer Duft reizte auf und verhieß, dass das erste, den Mund wärmende Schlückchen meinen Morgen in die Gänge bringen würde. Ich wusste genau, wie weit ich fahren musste, um ihn so weit abkühlen zu lassen, dass ich mir nicht die Kehle verbrühte. Als ich für ein Schlückchen den Plastikdeckel abzog, fiel mir ein Symbol auf dem Deckel des Bechers auf. Ein kleines, mit schwarzem Filzstift gezeichnetes Smiley-Gesicht strahlte mich an. Trotz meiner Besorgnis wegen der Verspätung und meiner Frustration wegen der Auflockerfrau lächelte ich vor mich hin – bloß ein bisschen.

Ich nahm einen warmen und starken Schluck und lächelte nochmals über den unbekannten Arbeiter, der das wohl bekannte Symbol für Gutwilligkeit gezeichnet hatte. Noch ein Schluck, noch ein Lächeln. Ich fuhr in den Betriebsparkplatz ein und kam gut fünfzehn Minuten zu spät zur Arbeit, aber ich hatte eine Ausrede für den Fall, dass ich eine brauchen sollte: Im Coffeeshop hatte eine nette Frau Kaffee für ihre Bürokollegen eingekauft. Dadurch war es zu einem kleinen Wartestau gekommen.

Mein Chef bemerkte mich nicht, als ich an seinem Büro vorbeieilte. Ich lächelte. Am späteren Vormittag, während ich in der Mikrowelle den restlichen Kaffee in meinem Becher erhitzte, verspürte ich abermals die Kraft eines einfachen Lächelns, die stärker ist als jeder Schuss Koffein. Ich dachte an die Frau, die mich aufgehalten hatte. Ich fragte mich, ob ihr Becher gleichfalls ein Lächeln hatte. Ich hoffte es.

Ruth Douillette

Eine Lebensart

Ich habe mein Leben kaffeelöffelweise ausgemessen.

T. S. Eliot

Die Sucht, sofern man sie so bezeichnen kann, begann als kleiner Keim in meiner Kindheit. Meine Mutter erlaubte mir eine ganz kleine, natürlich wasserverdünnte Tasse Kaffee mit viel Zucker drin. Das war eine seltene Leckerei und wurde nur zu besonderen Anlässen angeboten, etwa wenn Gäste nach dem Dinner über Nacht blieben oder mein Papa an den Abenden auf seiner Gitarre spielte. Ich kann mich an die Süße des Kaffees erinnern, aber noch stärker erinnere ich mich an die jeweilige Bedeutsamkeit der Kaffeeköstlichkeit: Es ging immer Hand in Hand mit einem ganz besonderen Ereignis.

Während die Jahre verstrichen, heiratete ich, bekam Kinder und zog von zuhause weg. In jenen zehn auswärtig verbrachten Jahren trank ich selten Kaffee. Zu sehr damit beschäftigt, meinen MDS-(**M**ann-**D**urch's-Hochschulstudium-**S**chleusen-)Titel zu erwerben und Kids großzuziehen, verspürte ich nie eine tatsächliche Veranlassung zu Kaffee. Ihn einfach nur so nebenher zu trinken, entsprach nicht meiner Vorstellung von Kaffee. Kaffee war sowohl eine Stimmung, eine Regung (»Heute Morgen ist mir nach Kaffee zumute«), ein Ereignis (»Machen wir Kaffee!«) als auch eine Lebensart, für die ich noch nicht vorbereitet war.

Nach vier Jahren beim Militär, fünf Jahren Hochschulstudium und zwei Jahren Arbeitstätigkeit beschloss unsere kleine Familie, wieder in unseren Heimatstaat Idaho zurückzuziehen. Die Bundesstaaten, in denen wir gelebt hatten, waren jeweils mit der Geburt eines unserer Söhne verbunden: Illinois mit der von Jason, South Dakota mit der von Jeremy und Oregon mit der von Joel. Als ich mit sechzehn aus Idaho wegzog, schwor ich mir, dass ich nie in das kleine »Provinznest« zurückkehren würde. Aber wenn man Kinder hat, ändert sich die eigene Perspektive, und so kam ich denn hierhin zurück, mit drei kleinen Jungen im Schlepptau, um sie auf ebenjenem Grundbesitz großzuziehen, auf dem ich großgezogen worden war – vier Hektar Weide- und Waldland in der Nähe des Moscow Mountain, Nordidaho. Der Ort hatte schon längst einen starken Reiz, dem ich nicht widerstehen konnte. Ich hatte Heimweh nach dem Grund und Boden, und ich wollte, dass meine Söhne ihn so kennen lernten wie einst ich.

Mein Mann baute auf dem Grundstück ein kleines Geschäft auf, und wir gingen daran, für uns selbst ein Landleben zu schaffen. Während die Jungen und ich den Boden bestellten und Gemüse anpflanzten, zimmerte mein Mann handgefertigte Küchenschränke und Möbel in der kleinen Werkstatt, die wir umgestaltet hatten. Beide Großelternpaare lebten noch immer vor Ort, und uns daheim zu haben, bereicherte ihr Leben. Da wir kurz nach unserer Eheschließung weggezogen waren, hatte ich meine Schwiegereltern nie wirklich kennen gelernt. Ich wusste ein paar Dinge über meine Schwiegermutter: Sie hasste es zu kochen, sie liebte es zu stricken, und sie spazierte jeden Vormittag in den örtlichen Coffeeshop rüber, um sich mit ihren Freundinnen zu treffen.

Nachdem in jenem Herbst die Schule begonnen hatte und die Jungen den ganzen Tag über weg waren, fuhr ich in die Stadt, um herauszufinden, was es mit der Anziehungskraft des Coffeeshops auf sich hatte. Damals waren Latte und Mokka noch nicht populär, also hatte das Zusammenkommen nichts mit Spezialkaffees zu tun, und ebenso wenig mit der Qualität des Filterkaffees.

Aber der Kaffee war doch essenziell, denn um ihn versammelt schütteten die Gruppenmitglieder einander ihr Herz und ihre Seele aus. Und eben hier, über dem Dampf und Aroma unerschöpflicher Kaffeetassen, lernte ich meine Schwiegermutter tatsächlich kennen, weinten wir zusammen über den Verlust einer Pastorengattin, erzählte ich, dass ich wieder schwanger war, weshalb ich dann auch koffeinfreien Kaffee zu trinken begann – was auf die Qualität der Zusammenkünfte keinen Einfluss hatte.

Nach der Geburt meines vierten Sohns, Jesse, waren meine Coffeeshop-Freundinnen die Ersten, die seine Bekanntschaft machten. Als er zwei Jahre alt war, brachte ich ihn zum Kaffee mit, und manchmal setzte er sich zu den alten Bauern hin und spielte Karten. An seinem vierten Geburtstag backte ihm die

Kellnerin einen Geburtstagskuchen. Mittlerweile war meine Schwiegermutter Virginia meine beste Freundin geworden.

Nachdem Jesse mit dem Kindergarten begonnen hatte, fingen die Dinge daheim an, sich aufzulösen. Meine Schwiegermutter spürte die Veränderung, war aber unaufdringlich und sagte nur, dass ich ihr im Coffeeshop wieder gefehlt hätte. Ein Jahr später gingen die Jungen und ich weg, und wenige Jahre danach verschied meine Schwiegermutter. Jahrelang trank ich keinen Kaffee. Ich fand, ich hätte keinen Anlass und verdiente auf irgendeiner Ebene die Erfahrung nicht. Nicht nur das: Sie rief Erinnerungen an gute vergangene Zeiten und an die besten Jahre meines Lebens wach, die allzu früh abgebrochen worden waren.

Während ich begann, mein Leben wieder zu ordnen und neue Freunde zu treffen, fing ich an, kleine Kaffeestände an den Straßenecken zu besuchen. »Hast du schon mal einen Caffè Latte probiert?«, fragte eine Freundin. »Was ist ein Latte?«, wollte ich wissen und assoziierte dabei etwas zu Milchiges und Süßes. Ich war das starke, schwarze Zeug gewohnt. Trotzdem willigte ich ein, einen zu probieren, und bald wurden doppelte Irish Cream Lattes zu einem Bestandteil meines Lebens. Aber dieses Mal war es anders. Denn früher hatte Kaffee Freundinnen und offenherzigen Gedankenaustausch für mich geheißen, wohingegen er jetzt einen geruhsamen Morgen über einem Buch, einen neuen Zeitabschnitt meines Lebens bedeutete, der darauf gründete, wer ich geworden war.

Eines Morgens kam mein jüngster, nunmehr erwachsener Sohn bei mir vorbei, mit einem dreifachen Pfefferminzmokka in der Hand, und teilte mir mit, dass er heiraten werde. An einem anderen Morgen, ähnlichen Kaffee in der Hand, erfuhr ich, dass er einen Sohn bekommen werde. Meine drei älteren Jungen sind, nachdem sie erwachsen waren, in andere Städte weggezogen, aber wenn sie zu Besuch nachhause kommen, entführe ich sie in den nächstgelegenen Coffeeshop, um mir die neuesten Entwicklungen erzählen zu lassen.

An manchen Samstagmorgen ruft Jesse an und sagt: »Magst du auf'nen Kaffee rüberkommen? April und Kaden schlafen noch.« Und ich weiß, dass dies nicht das ist, was er wirklich meint. Eigentlich meint er nämlich: Ich möchte Zeit mit dir verbringen. Ich möchte etwas Bedeutsames bereden. Ich möchte bei diesem Getränk mit dir verbunden sein – dieses »Kaffee« genannte Ding, das eigentlich so viel mehr bedeutet, als seine Bezeichnung beinhaltet.

Kaffee war und ist ein Katalysator in meinem Leben und Bestandteil so vieler wichtiger, bedeutsamer Ereignisse, dass ich ihn nicht als ein bloßes Getränk betrachten kann. Bei Kaffee habe ich kürzlich erfahren, dass meine Mutter Lungenkrebs hat; dass die Frau meines Neffen Zwillinge bekommt; dass mein jüngster Sohn und seine Frau ihr zweites Kind erwarten. Kaffee, sei es nun guter oder schlechter, schafft es einfach irgendwie, Beziehungen ins Leben zu rufen.

Cheryl Dudley

»Ich trink' jetzt nur noch eine Tasse Kaffee am Tag.«

Wiederabdruck mit Genehmigung von Jonny Hawkins. ©2006 Jonny Hawkins.

Enthüllungen einer Fanatikerin guten Kaffees

Sobald der Kaffee in Ihrem Magen ist, herrscht allgemeine Aufregung.
Ideen setzen sich in Bewegung ... Vergleichsbilder zeigen sich,
das Papier bedeckt sich. Der Kaffee ist Ihr Verbündeter,
und das Schreiben hört auf, ein Kampf zu sein.

Honoré de Balzac

Ich arbeitete 2005 für eine Stadtteilzeitung und war auf der Suche nach Ideen für Geschichten, als mir ein neues Coffee House im Viertel auffiel. Woher kam denn dieses knallgelbe »Kaffee«-Schild? Letztens hatte ich das Gebäude noch als leer stehendes Rahmengeschäft registriert. Jetzt war es die Panther City Coffee Company. Ich ging eines Abends nach der Arbeit zusammen mit meiner Mutter hinein und kam heraus mit einer großartigen Geschichte über dieses im Eigenbesitz befindliche und betriebene Familienunternehmen. Ein ganz neues Universum hatte sich vor mir aufgetan.

Nach meinen Erfahrungen war Kaffee in dreierlei Form erhältlich: als ganze Bohne, gemahlen und gebrüht – normalerweise in einer Tüte oder Dose aus dem Lebensmittelladen, in der jeweils billigstmöglichen Sorte. Wenn ich das Gefühl hatte, besonders gut bei Kasse zu sein, oder es ein tolles Sonderangebot gab, kaufte ich gelegentlich in großen Mengen Kaffee von Starbucks oder einem ähnlichen Vertreiber. Kaffee kam von Juan Valdez und seinem klapprigen Esel*. Richtig? Mehr Gedanken hatte ich mir darüber noch nie gemacht. Ich hatte keine Ahnung, was der Kaffee durchlief, um bis zu mir zu gelangen, oder wie alt der Kaffee war, wenn er schließlich bei mir ankam. Kaffee war Kaffee war Kaffee. Richtig? Falsch! Grundfalsch. Ganz, ganz falsch. Juan Valdez hat mich zum Narren gehalten!

Was ich in der *Panther City Coffee Company* entdeckte, war ein Coffee-House-Betrieb, der dafür bekannt war, seine Bohnen selbst vor Ort zu rösten. Das erklärte den ungewöhnlichen Geruch, der, nicht ganz so intensiv wie der einer Bäckerei, die nähere Umgebung durchdrang, seitdem der Laden aufgemacht hatte. Bis ich den Geschäftsführer und ortsansässigen Röster interviewte, hatte ich keinen Schimmer davon, dass Kaffeebohnen nach nur zwei armseligen Wochen muffig werden oder dass Kaffee, sobald er gemahlen ist, in etwa zwanzig Minuten

* Juan Valdez ist der Markenname der Vereinigung der kolumbianischen Kaffeebauern. Das auch in Deutschland relativ bekannte Logo dieser Vereinigung ist Juan Valdez, ein fiktiver Kolumbianer mit großem Schnauzbart, Ledertasche, Strohhut und der Eselin Conchita an seiner Seite.

seine Frische verliert. Ich war perplex. Ich war sprachlos. Ich hatte ja keinen Schimmer davon. Ich hatte in meinem Leben zu Tüten und vielerlei Kaffeesorten längere Beziehungen als mit einigen Männern. Und offen gestanden: Ich hatte gar nicht darauf geachtet.

Nach nur ein paar kurzen Besuchen in meiner nachbarschaftlichen Gourmetkaffeeoase wusste ich nunmehr, dass es einen Unterschied gibt zwischen gutem Kaffee und allem Übrigen. Hinter dem Kaffee steckt mehr als irgend so eine »kräftige« und »milde« Sorte. Wirklich! Außerdem habe ich beim Entdecken besseren Kaffees meine geografischen Kenntnisse erweitert. Ich weiß jetzt, dass Sulawesi, Mogiana, tansanischer Peaberry und Harar nicht nur aus verschiedenen Teilen der Welt kommen, sondern verschiedene Kaffeebohnensorten sind, die zur Erzeugung der jeweiligen Geschmacksrichtung verschiedenen Röstverfahren unterzogen werden. Columbia Supremo ist dunkel, während Mexico Altura mild ist und brasilianischer Mogiana (ein persönlicher Favorit) einen täuscht, weil er zwar dunkler geröstet, aber doch mild ist. Ich freute mich riesig, als ich mir das Röstverfahren ansehen durfte, wobei man mich in historische Hintergründe einweihte, darin, wie der Kaffee von tanzenden Ziegen in Äthiopien entdeckt worden war. Ja, ganz richtig: tanzenden Ziegen! Meine Welt öffnete sich.

Es fiel mir schwer, wieder damit anzufangen, Kaffee zu trinken, wenn ich das Röstdatum nicht tatsächlich auf der Tüte sehen konnte, geschweige denn das, was Hotels nichts ahnenden Reisenden in diesen typischen Kaffeeautomaten anzudrehen versuchten. Ich wusste immer, dass ich nicht durch den Kaffee bis zum Tassenboden sehen können sollte, aber jetzt bekomme ich schon von dem bloßen Gedanken, ein solches Gebräu zu trinken, hysterische Zustände.

Nun, es gibt kein Zurück mehr. Die Kaffeeabteilung im Lebensmittelladen ist mir ein Gräuel, außer wenn es mir um Filter oder sonstige Nichtkaffeeprodukte geht. Für meinen allmorgendlichen Wachrüttler schaue ich nicht mehr zu Starbucks, außer wenn es keine andere Möglichkeit gibt. Ich habe grundechten, frisch gerösteten, frisch gebrühten Kaffee entdeckt. Ich bin durch die von dieser Coffeeshop-Erlösung bereitgestellten Reichtümer verzogen und verwöhnt, und ich teile mein neues Bewusstsein mit anderen. Während der Monate, in denen mir meine Kaffeedefizite bewusst gemacht wurden, habe ich entdeckt, dass ich in der Dunkelheit nicht allein bin. Andere haben sich der Revolution und Enthüllung angeschlossen, und wir stimmen in *einem* Punkt überein: Niemand von uns wusste, was ihm oder ihr entging, bis die *Panther City Coffee Company* daherkam.

Ich habe zwei auswärtige Tagungsreisen mittels hotelspezifischer kaffeeähnlicher Substanzen überstanden und schleppe mich verzweifelt in andere Coffeeshops, wenn es keine andere Möglichkeit gibt. Regelmäßig dem Entzug von gutem Kaffee ins Auge sehen zu müssen, ist einfach zu schmerzhaft; daher reise ich jetzt mit meinem eigenen Geheimvorrat. Ich habe mir die Sache auf meine Fahne geschrieben – die Kaffeemühle und en gros eingekaufte Bohnen, von denen ich weiß, dass sie innerhalb der letzten vierzehn Tage geröstet wurden –, und ich werde konsequent weitermachen.

Die Entdeckung guten Kaffees sollte einen nicht schockieren und befremden, aber sobald das einmal geschehen ist, macht seine Betrachtung Freude. Ich meinerseits bin infolge dieses Aufklärungserlebnisses ein viel glücklicherer Mensch. Die Verlockungen des besten Kaffees in der Großstadtregion haben andere dazu angetrieben, dem Ruf der Pflicht weit mehr als nur zu genügen. Damit unsere Kaffeeversorgung weiterhin eintrifft, haben Stammgäste dieses altmodischen, zum Verweilen einladenden, für manche Leute zu unkonventionellen Coffee Houses freiwillig Geschirr gespült, Guerilla-Marketing betrieben und, für den Ersatz der Dinge, die bei einem Einbruch verloren gingen, sogar Geld gespendet. Dies alles wegen des überragenden Produkts. Guter Kaffee ruft nach guten Leuten. Und das, finde ich, ist vielleicht die allerwichtigste Enthüllung.

Rhonda Eudaly

Unverarbeitete grüne Kaffeebohnen haben eine lange Haltbarkeit und können in Lagerhäusern monatelang, mitunter jahrelang verbleiben. Bei geröstetem und gemahlenem Kaffee ist das nicht der Fall.

Kaufen Sie Bohnen, wenn möglich, direkt von einem Röster. Im Allgemeinen ist eine geröstete Bohne 2 – 4 Tage ab Röstung in bester Form. Röstkaffee gilt höchstens zwei Wochen lang als »frisch«, also werden Sie im Idealfall sicher nur so viel kaufen, wie Sie in einer Woche gebrauchen. Kaufen Sie ganze Bohnen in Spitzenqualität und mahlen Sie sie nach Bedarf.

Da die Kaffeebohne porös ist, raten Experten davon ab, Kaffee im Kühlschrank aufzubewahren. Die Gefriertruhe bzw. der Gefrierschrank ist ein akzeptabler Aufbewahrungsort für Großmengen von Kaffee, aber wenn Sie Bohnen daraus entnehmen, sollten Sie sie auch sogleich verwenden. Teilen Sie die Großmenge Bohnen in wöchentliche Portionen auf, und geben Sie diese, mit Frischhaltefolie umwickelt, in Gefrierbeutel, bevor Sie sie in die Tiefkühltruhe bzw. den Tiefkühlschrank packen. Nehmen Sie je nach persönlichem Bedarf die wöchentlichen Portionen heraus. Bewahren Sie die jeweilige entnommene Bohnenportion in einem dicht verschlossenen Behälter an einem trockenen, dunklen Ort auf. Glas oder Keramik ist vorzuziehen, da dieses Material die ätherischen Öle der Bohnen nicht beeinträchtigen wird. Mahlen Sie gerade so viel Bohnen, wie Sie für die Kanne Kaffee, die Sie kochen, brauchen, und stellen Sie die Mahlgröße Ihrer Brühmethode entsprechend ein.

Zum Brühen guten Kaffees wird gefiltertes Wasser bevorzugt, aber verwechseln Sie dieses nicht mit destilliertem Wasser. Die Filterung verbessert den Wassergeschmack und -geruch und entfernt dabei einige Verunreinigungen mithilfe von Kohlefiltern. Destilliertes Wasser ist praktisch rein, aber das Destillierverfahren fügt Sauerstoffmoleküle hinzu, die das Kaffeearoma verderben. Wissenschaftliche Untersuchungen haben gezeigt, dass mit Leitungswasser gebrühter Kaffee sogar weniger bitter ist als mit destilliertem Wasser gebrühter Kaffee.

Eine Tasse Liebe

Niemand kann die Wahrheit begreifen, bis er
von der schaumigen Güte des Kaffees trinkt.

Scheich Abdul Kadir

Heiß und dampfend. Dieser Duft, frisch in der Morgenluft, während man aus dem Bett aufsteht. Kann ein Geruch tatsächlich so geheimnisvoll kräftig, so aufregend und exotisch, so belebend sein? Ich betrachte bestimmte Speisen und Getränke als unentbehrlich – nicht für meine Gesundheit, sondern für meine Zufriedenheit. Nummer eins auf dieser Liste ist Kaffee.

Kaffee, in all seinen vielfältigen Geschmacksrichtungen und Zubereitungsformen, ist überall vorhanden. Ich persönlich brühe ihn eigentlich am liebsten mit einer Spur Zimt-, Vanille- oder Kakaopulver im Kaffeepulver. An den meisten Tagen runde ich ihn bloß mit entrahmter Milch und Zucker ab. Wenn ich abends Lust auf etwas Süßeres habe, füge ich noch einen Klacks Schlagsahne hinzu.

Und manchmal mag ich ihn genau so, wie ich ihn als kleiner

Junge auf dem Knie meines Großvaters trank. Damals, als ich gerade mal acht oder neun war, begann mein Großvater jeden Morgen mit dem Kochen einer Kanne dickflüssigen schwarzen Kaffees, so kräftig und bitter, dass es fast Espresso war. Er machte ihn ja auch in einem altmodischen Perkolator, einer Metallkanne für vier Tassen, die lauter harte Kanten und Teile aufwies. Ein oben angebrachter winziger Glasballon ließ einen faszinierten Jungen mit ansehen, wie die Flüssigkeit beim Sieden des Wasserdampfs aufbrodelte.

Meine Großmutter lief derweil geschäftig in der Küche hin und her – machte das Frühstück, deckte den Tisch, bestrich Toast mit Butter. Meine Eltern lasen die Morgenzeitung, während goldener Sonnenschein die gelbe Tapete der Küche erhellte.

Sobald der Kaffee fertig war, schenkte Großvater für mich eine halbe Tasse ein, die er reichlich mit Zucker und Milch verdünnte. Er selbst nahm sich nur ein klein wenig Milch.

»Papa, gib ihm das nicht. Es hemmt doch sein Wachstum«, klagte meine Mutter jedes Mal.

»Bah! Du hast das als kleines Mädchen getrunken. Und schau dich an: die Größte in der Familie. Das ist gut für dich«, pflegte er mir zu sagen und reichte dabei die dampfende Tasse in meine Richtung weiter.

Jahre später war Kaffee dann gleichbedeutend mit den ein oder zwei Tassen, die ich mir auf dem Weg zur Oberschule im örtlichen Imbissladen oder Pfannkuchenhaus kaufte. Meine Kaffeeliebe nahm während der Zeit auf der Universität und der Graduate School nur noch zu. Es versetzte mich immer in

Erstaunen, dass ein und dasselbe Getränk so viele Funktionen erfüllen konnte – als Nachtisch, morgendlicher Muntermacher, Studierhilfe, sogar als Vorwand, jemanden um ein Rendezvous zu bitten.

Glücklicherweise bin ich unter meinen Bekannten und Familienangehörigen nicht der Einzige, der den dunklen Nektar vergöttert. Bis zum heutigen Tag ist es für mehrere von uns gang und gäbe, in dem einen oder anderen Haus zusammenzukommen, um bei einer Kanne frischen Kaffees ein gutes Gespräch zu genießen.

Während die Jahre verstrichen, bescherte uns die moderne Technologie den »Mister Coffee« und andere exotische Kaffeemaschinen von diversen Firmen, zu vielen, um sie namentlich aufzuführen. Danach kamen die Heim-Espresso- und Cappuccinomaschinen. Eine Zeit lang versuchten wir, uns gegenseitig zu überbieten, indem wir die neuesten Gerätschaften zur Kaffeezubereitung kauften; wir experimentierten damit, um die ultimative, beste Tasse Kaffee zu kreieren. Wir mahlten unsere Bohnen selbst, befassten uns mehr oder minder dilettantisch mit Aromastoffen und hielten sogar vielerlei Zuckersorten im Hause vorrätig, vom gewöhnlichen weißen bis zu meinem persönlichen Favoriten, dem braunen, groben Rohzucker.

Und dann passierte etwas Interessantes.

Wir waren eines Abends bei einer guten Bekannten zuhause und saßen in der Küche, als sie uns fragte, ob wir Kaffee wollten.

Natürlich war die Antwort ein klares Ja.

»Ich setz' eine frische Kanne auf. Ich hab' mir gerade einen neuen Perkolator besorgt. Der macht den besten Kaffee.«

»Perkolator«? Ich hatte das Wort seit über zwanzig Jahren nicht mehr gehört.

Und richtig – sie ging zum Wandschränkchen und zog eine altmodische Kaffeekanne herunter, nahezu identisch mit der, die früher auf dem Herd meiner Großeltern gestanden hatte. Die an eine Sanduhr erinnernde Form, der winzige Glasballon oben, das leise Brodelgeräusch, als nun das Wasser zirkulierend emporstieg und nach unten tropfte.

Alles gleich.

Erinnerungen kehrten schlagartig in einer Welle zurück. Einen Augenblick lang fand ich mich in einer anderen Küche sitzend wieder, umgeben von Familienangehörigen, die schon seit Langem gegangen waren.

»Mein Großvater hatte früher genauso eine wie die.«

Die Worte unterbrachen meinen Tagtraum und brachten mich in die Gegenwart zurück.

»Meiner auch«, sagte ich und atmete tief ein, füllte die Nase mit dem Nostalgieduft.

»Entrahmte Milch, ein Stück Zucker?«, fragte meine Bekannte und stellte dabei eine überdimensionale Kaffeetasse auf den Tisch. Wir wissen, wie jeder von uns den Kaffee mag.

Ich lächelte. »Also heute Abend werd' ich mal prassen. Vollmilch und gleich zwei Stück Zucker.« Großvater wäre stolz gewesen.

Greg Faherty

Der Perkolator

Mit dem Perkolator zubereiteter Kaffee hat eine unverwechselbare Qualität, die bei Campern und Naturfreunden nach wie vor hoch im Kurs steht. Für diese spezielle Brühmethode ist mittelgrob bis grob gemahlener Kaffee zu empfehlen.

Die meisten Kaffeetrinker sind sich darin einig, dass man Kaffee nie beim Siedepunkt kochen sollte, da hohe Hitze tendenziell zu einem bitteren Geschmack führt. Dennoch gehört das Sieden/Kochen ganz zentral zum Perkolator-Verfahren. Frische, hochwertige Bohnen, der richtige Mahlgrad und das Entfernen des Perkolators von der Hitzequelle, sobald das Verfahren abgeschlossen ist, ergeben eine großartige Kanne Kaffee für diejenigen, die ihren Kaffee gern stark mögen.

Es gibt zwei Typen von Perkolatoren. Bei dem einen wird das Wasser durch den Druck des beim Sieden entstehenden Wasserdampfs einmal durch das Kaffeepulver gepresst und in einem gesonderten Behälter aufgefangen. Bei dem anderen wird das durch den Kaffee gepresste Wasser unter Nutzung der Schwerkraft zum Zirkulieren gebracht. Der untere Teil des Perkolators wird mit Wasser gefüllt; darüber befindet sich ein Metallkörbchen, das als Filter für den gemahlenen Kaffee dient. Der das Kaffeepulver enthaltende obere Teil ist mit dem unteren durch ein Metallröhrchen verbunden, durch das das Wasser (wie bei Typ 1 beschrieben) nach oben gepresst wird.

Das fast siedende Wasser verteilt sich über den Kaffee und durchsickert das Kaffeepulver. Es fließt dann wieder in die untere Hälfte der Kanne zurück und treibt damit das restliche kältere Wasser durch das Röhrchen nach oben, sodass sich der ganze Zyklus fortlaufend wiederholt.

Wenn die Temperatur des gebrühten Kaffees sich durchgehend dem Siedepunkt nähert, hört das »Durchlauf«-Geräusch auf, und der Kaffee ist fertig zum Trinken.

Camping-Kaffee

Schwarz wie der Teufel. Heiß wie die Hölle.
Rein wie ein Engel. Süß wie die Liebe.

Charles-Maurice de Talleyrand-Périgord

Es war noch eine Woche bis zu meinem Hochzeitstag, und, anstatt mich mit irgendwelchen letztminütigen Einzelheiten zu befassen, saß ich in einer Blockhütte in Maine. Den alternden Holzbau – »Der Ausblick« genannt, nach der Fensterwand, die sich auf den Daicey-Teich im Baxter State Park hinaus öffnete – hatte ich gemietet, in der Hoffnung, etwas Frieden zu finden, bevor die Familien sich nach Norden zur Hochzeitsfeier begaben. Während meine Verlobte noch schlummerte, saß ich in einem der blanken Holzsessel und sah zu, wie die Sonne von dem ruhigen Spiegel des Teichs frühe Strahlen abprallen ließ. Inspiriert von der Schönheit, aber zugleich auch die frühe Stunde berücksichtigend, sammelte ich den Campingkocher und ein paar andere notwendige Dinge zusammen und machte mich leise ans Geschäft der Kaffeezubereitung.

Es hat etwas förmlich Transzendentes an sich, in der freien

Natur eine Tasse Kaffee zu kochen und zu trinken. Er gelingt umso besser, weil er kein Recht hat, so gut zu sein. Er ist dunkel und körnig, heißer, als ich es normalerweise mag; ich verbrühe mir fast die Zunge. Da ich beim Campen ziemlich minimalistisch gepolt bin, besitze ich nur einen Eintassenfilter, durch den ich kochendes Wasser gieße, um damit eine kleine, grüne Plastiktasse zu füllen. Das ergibt, glaube ich, nicht einmal einen Viertelliter. Trotzdem muss etwas in jenem Flusswasser sein, oder womöglich im Wind, der immer den gemahlenen Kaffee umherstreut, was das Erlebnis zu Seelenbalsam macht. Woran auch immer es liegt, ich freue mich jedesmal auf meinen Camping-Kaffee. Was ich an jenem Morgen in dem Park nicht wusste, war, dass meine künftige Ehefrau gleichfalls eine Leidenschaft dafür entwickelt hatte.

Leise schlich ich auf die Hüttenterrasse hinaus und hatte gerade den Campingkocher angezündet – ein störrisches Ausrüstungsstück, wenn es so eines je gab –, als sie zur Tür herausgehetzt kam.

»Nee, nee, lass mich ihn machen!«, schrie sie.

»Jaja, aber ich mach' ihn doch gern«, erwiderte ich etwas konfus.

»Und ich mach' ihn gern für dich. Nun setz dich schon hin.« Sie stieß mich zur Seite und übernahm die Sache.

Bevor ich noch irgendetwas sagen konnte, hatte sie schon den Kaffee, den Messlöffel und die Tasse ergriffen und mich gewaltsam von der Hüttenterrasse zum Campingtisch hingeschoben. Ich fand es unglaublich, dass sie derart versessen darauf war. Es war unwahrscheinlich, dass sie ihn trinken würde. Andererseits hätte ich mich daran erinnern sollen (und es wäre mir ja wohl auch eingefallen, wenn ich die Möglichkeit gehabt hätte, mit Koffein nachzuhelfen), dass meine Liebste, als wir im Sommer nach unserer Verlobung zusammengezogen waren, sich sogleich bereiterklärte, mir meinen Morgenkaffee zu machen.

Zu der Zeit rief dieses Angebot gemischte Gefühle hervor. Einesteils war ich gerührt, dass sie mir bei etwas so Wichtigem behilflich sein wollte, dass sie derart erpicht darauf war, diese Ehefrauenrolle zu übernehmen. Anderenteils war ich irritiert. Das war mein Kaffee, über den wir hier redeten. Seit ich von zuhause weggegangen war, machte ich ihn selber, und ich war ziemlich überzeugt von meinen Fähigkeiten. Sogar in Coffee Houses war ich meistens nur neidvoll-widerwillig zufrieden. *Ganz abgesehen davon*, sagte eine winzige Stimme in meinem Hinterkopf, *dass du da sicher ein Stück Kontrolle abgibst*. Andererseits hatte ich ja aus erster Hand erlebt, dass die Ehe ein Schlachtfeld in Sachen Kontrolle sein konnte. Das war es nicht, was ich mir für uns erhoffte. Und außerdem war inmitten eines wunderschönen Morgens in Maine mein Stolz wohl bestimmt nichts, dessentwegen es sich zu kämpfen lohnte. Schließlich äußerte sie ja hinsichtlich meiner Kaffeezubereitungsfähigkeiten nie irgendeinen Zweifel. Sie war doch ganz offensichtlich nur um eines bemüht, nämlich mich glücklich zu machen. Wenn ich sie das mithilfe von so etwas wie meinem Kaffee nicht tun lassen konnte – wie kam ich dann dazu, sie zu heiraten?

Und so übergab ich denn, als sie mir jene dampfende Tasse reichte und mich auf die Wange küsste, das sprichwörtliche (Messlöffel-) Zepter für immer. Ich habe es seitdem nie zurückverlangt und es keinen Moment lang vermisst. Es ist der Stolz meines Lebens, zu wissen, dass meine Frau mich liebt – den Geist, den Körper und die kaffeedurchtränkte Seele.

Chris Bancells

Sonnenaufgangs-Caffè

Mein Herz ist mit deinem Herzen eng verschlungen
Ich kann es jetzt nicht lösen
Mein Lied, das deine
durch all mein Licht und all meine Schatten
Meine Wurzeln gehen tief und finden dich dort,
wo meine Blüten aufs Geborenwerden warten.

Isabel Bearman Bucher

Nonna und ich waren die einzigen echten Frühaufsteher in der Familie, und wir waren auf, bevor die ersten rosafarbenen Ränder der Morgendämmerung eine neue Seite aufzuschlagen begannen. Es war jeden Morgen das Gleiche. Ich lugte aus dem kleinen Badezimmerfenster unseres Hauses, und weiter oben am Hügel, in meiner Blickrichtung, quietschte das Küchenfliegenfenster. Nonnas Kopf kam, hinter dem Marmeladenglas zum Vorschein, gefolgt von zwei dicken, taillenlangen grauen Zöpfen. Nun zwitscherte sie, gemäß ihrer Sonnenaufgangs-Gewohnheit, einem oder zwei Vögeln zu. Eine Hand tauchte tief in ihren weißen Chenillemorgenrock und zog ein zerknittertes Taschentuch mit Paisleymuster heraus. Sie bedeckte ihre enorme Nase. Zwei deftige Hupsignale dröhnten in der Dunkelheit. Das Morgendämmerungsprogramm war solchermaßen abgeschlossen, und sie verschwand in das Aroma ihres Caffè Robusta.

Diese aufgebrühte Schwärze nahm zusammen mit Weihwasser aus der St. Mary's Catholic Church und Violette-Parfum – französischem Veilchenparfüm –, das sie über alles schüttete, was sie besaß, einen heiligen Rang ein. Jahre später, während der Besichtigung einer katholischen Kirche auf der Insel Mallorca, behauptete der Priester, Veilchengeruch sei die unverkennbare Duftnote der Exhumierten, die für die Heiligsprechung infrage kämen. Mein schallendes Gelächter brachte die ganze Versammlung aus der Fassung.

Lautlos bewegte ich mich die Treppe hinunter, mit Papas leisen Schnarchern im Rücken. Unsere Schlaguhr ding-dongte fünf, als ich den Knauf der inneren Küchentür drehte und den Schnappriegel der Wirtschaftsraumtür anhob. Ich glitt hinein ins Dunkel, das feucht war vom Morgentau und randvoll mit dem Geruch des Meeres.

»Buongiorno, Nonna«, flüsterte ich ihrem Rücken zu.

»Guten-a Morgen, Ezabel«, erwiderte sie ruhig; ihre Stimme zeigte keine Überraschung an.

»Deine Aussprache ist sehr gut.« Ohne sich umzudrehen, redete sie weiter. »Du bist ein frühes Vögelchen. Eh, cara?«

Ich wollte ihr sagen, dass ich immer früh auf sei, und sie dabei pantomimisch darstellen, besann mich aber, ein bisschen belämmert und verlegen, eines Besseren.

»Ich trink' jetzt meinen Caffè«, erklärte sie. »Du willst eine Tasse Kaffee mit mir? Wir gucken die Sonne aufgehen. Ich erzähl' dir Geschichten, eh?«

»Mmmmm«, antwortete ich und hielt meinen Blick fest auf den ihren gerichtet. Ich stellte mir die dicke weiße Tasse voll dampfendem, starkem Kaffee vor, mit viel Sahne und drei, womöglich vier Löffeln Zucker. Es war unser Geheimnis, denn wenn Mama und Papa wüssten, dass sie mir solchen schwarzen Kaffee samt all dem Zucker zu trinken gab, würden die Vorträge über das Hemmen des Wachstums losgehen, und mich würde man von etwas Wunderbarem trennen. Weil Italiener so klein waren, hüteten sie sich vor allem, was ihre Körpergröße auch nur um ein Milliardstel Zoll verringern würde. Für eine Italienerin war Nonna ausgesprochen groß, und sie trank schon ihr Leben lang Caffè Robusta. So viel zum Thema Wachstumshemmung.

Nunmehr am Küchentisch sitzend, umgeben von Chenille und Veilchenduft, kuschelte ich mich eng an sie und zog dabei meine Tasse nah an meine Nase. Der gelbe Herd spendete stille Wärme. Nur sein sanft glühendes oranges Auge drängte Dampf aus der großen Kaffeekanne.

»Ahhh, das Caffè's gut heute!«, säuselte sie, mit einem gewaltigen Atemzug durch die Nase.

»Ijah«, antwortete ich und tat es ihr gleich. »Das« Kaffee war immer gut. Gemeinsam nahmen wir ein Schlückchen nach dem anderen, bis ich die Tasse kippte und mir den zuckrigen Bodensatz langsam in den Mund träufeln ließ.

»Meine Piccolina hat mir früher auch Caffè Robusta zu trinken gegeben«, flüsterte sie mir ins Ohr und erzählte mir die Geschichte über das Baby, das von Zigeunern auf der Türstufe ihres Nonnos Luigi zurückgelassen worden war. »Sie war die Familienköchin, unser Staatsoberhaupt bei uns daheim in Italien. Sie lebe hundert zu werden! Sie bring meiner Nonna Giudita Anna und mir auch jeden Morgen Caffè. Oh, ich lieb-a meine Piccolina. Du liebst-a du, Nonna! Eh!«

»Riesig wie der Mond«, summte ich inniglich. »Und die ganzen Sterne und noch über den Regenbogen hinaus!«

»Die Sonne kommt schon, und du, Bella, mein liebstes Kind, du musst jetzt los, sonst ist unser Geheimnis kein Geheimnis mehr. Eh?«

Widerwillig stand ich auf, umarmte ihre Taille, atmete so noch einmal Veilchenduft ein und wünschte, dass der Sonnenaufgangs-Kaffee nie enden würde.

»Arrivederci, mia Nonna«, rief ich nach hinten zum Fliegenfenster, machte dabei eine rückwärts gerichtete Schließbewegung mit der Hand, was »Ciao!« bedeutete, und bewegte mich in die Morgendämmerung hinein, das blasseste Blau, bebändert mit leuchtendem Orange. Ein vollkommenes, mit Diamanten behangenes Spinnennetz begann, den beginnenden Tag einzufangen; es hatte verdächtige Ähnlichkeit mit Nonnas eingerahmter handgearbeiteter Spitze aus irgendeiner italienischen Kathedrale des vierzehnten Jahrhunderts.

In den langen Jahren seit meiner Kindheit habe ich nicht eindeutig klären können, ob ich eine Frühaufsteherin wurde, weil ich mit Nonna zusammen war, oder weil ich mich danach sehnte – es unbedingt brauchte –, mit ihr zusammen zu sein. Mich einzuhüllen in den riesenhaft dimensionierten Chenillemorgenrock, ihre Kreativität, ihr Wissenwollen und Sichwundern, ihre Was-wäre-wenn-Perspektiven, ihren Zauber, ihre Geschichten, die das Stoß-mich-Zieh-dich unserer Traditionen fortführten, unsere Sprache, die biografischen Geschichten und unsere neu übernommenen Gewohnheiten. Was ich schätzen lernte, waren die einsamen Momente, wenn zwei Herzen sich ineinanderschlingen, um nie voneinander gelöst zu werden – eine Sonnenaufgangszeitspanne, wo alles Normale aufhört und Lernen, Erfahren alles ist. Diese Tagesanbruchs-Kaffee-mit-Nonna-Zeitspanne in meinem Herzen – nebst meinen Babys, meinem Mann, meinen hoch geschätzten Freunden – hat mir all die Jahre hindurch Kraft gegeben, Auftrieb verliehen, mich durch die allerbesten und allerschlimmsten Zeiten durchgeschleust. Sie hat mir die sichere Gewissheit gegeben, dass ich jede Prüfung, jede Härte – von denen ich viele erlebt habe – würde durchstehen können – stark und sicher dahinschreitend, genau nach Norden zu einem weißen Chenillemorgenrock, dem süßen Geruch von Veilchenparfüm und Caffè Robusta, mit drei Löffeln Zucker.

Zurzeit begebe ich mich eben dorthin, wenn die ersten Morgendämmerungsbänder meinen südwestlichen Himmel streifig überziehen. Ich drücke meinen Caffè Robusta an mich und flüstere: »Das Caffè's gut heute, mia Nonna.«

Isabel Bearman Bucher

Feuerwehr-Kaffee

Koffein ist keine Droge, sondern ein Vitamin!

Verfasser unbekannt

Kaffee während der Arbeit ist das Elixier, das, wie Benzin bei den Sattelschleppern, die Dinge am Laufen und die Feuerwehrmänner unter Dampf hält. An einem ruhigen Tag ist er ein Vorwand für eine entspannende Unterbrechung von Routinearbeiten auf der Feuerwache. Eine Gelegenheit, mal einen kurzen Moment lang zu vergessen, dass man im nächsten womöglich mit einer Massenkarambolage von zehn Autos auf der Autobahn konfrontiert wird. Mitten in einer kalten Winternacht ist das dampfende Gebräu in dem weißen Styroporbecher, das dir von einem freundlichen ehrenamtlichen Rotkreuz-Helfer gereicht wird, das, was die Nerven beruhigt und die Knochen wärmt, nachdem du zwei Kids aus einem brennenden Apartmenthaus herausgezogen hast. Eine Tasse Kaffee ist das, was dich in Schwung hält, wenn du zur Wache zurückkommst und das dringende Bedürfnis hast, aufzubleiben und bis zum Tagesanbruch über die Rettung zu reden.

Ich erhielt meine erste Lektion in Feuerwehr-Kaffee an dem Morgen, an dem ich bei der Feuerwehr anfing. Mein Leutnant in unserer kleinen Wache im nördlichen Stadtbezirk hatte nur eine einzige Bitte: »Falls du hierherum nicht sonst noch was zu tun hast, Junge, dann lerne, Kaffee zu machen.«

Damals ging das alles mit Perkolatoren, der gluckernden Herdplattenvariante, die einen schon ausgiebig mit Aroma aufmöbelte, bevor das Koffein reinhaute. Ich war vierundzwanzig Jahre alt, kam frisch von der Uni und war eifrig bemüht, mich in die Guter-alter-Kumpel-Crew der Wache 21 einzufügen. Ich hatte meine Mutter Kaffee machen sehen und versuchte abzuschätzen, wie schwer es wohl sein mochte. Ich schaute dem Leutnant zu, wie er mit einem alten Schuhlöffel frisches Kaffeepulver aus der großen roten Dose auf dem Küchentresen löffelte. Er füllte das Metallkörbchen mit doppelt so viel, wie Mama je verwendet hatte, ließ dann das Leitungswasser eine volle Minute lang laufen, »um den Leitungsrost rauszukriegen«. Er stellte den gefüllten Perkolator auf die schwarze Herdplatte der alten Kühlschrank-Herd-Kombination – Küchenelemente aus militärischen Überschussbeständen, die zur Neuverwertung in Feuerwache-Küchen installiert worden waren.

»Die nächste Kanne machst du, Junge«, sagte der Leutnant grinsend und verließ den Raum.

Da ich der gehorsame Neuling war, wie sie es an jenem Tag alle von mir erwarteten, stellte ich mich für jede Hausarbeit zur Verfügung, die mir einfiel, vom Fensterwaschen bis zum Auswechseln der Urinsteine. Jedes Mal, wenn ich von einem aus der Crew das Umgedrehte-Tasse-Zeichen bekam, lief ich in die Küche und startete eine frische Kanne. Der Kaffee strömte schwarz und dickflüssig wie Schlamm heraus, genau so, wie der Leutnant ihn mochte. Niemand hatte etwas gegen seine Barista-Methode einzuwenden.

Spätestens Mitte der 1980er-Jahre waren dann alle Wachen in der Stadt mit Kaffeekannen für Filterkaffee ausgerüstet. Die Faustregel war immer: »Wer sich die letzte Tasse nimmt, macht die nächste Kanne.« Obwohl das Managen des Kaffees in den einzelnen Dienststellen jeweils unterschiedlich gehandhabt wurde, konnte man in jede Feuerwehr-Küche zu jeder beliebigen Tages- oder Nachtzeit hineingehen und sich eine Tasse einschenken. Das heißt, wenn man eine Tasse ausfindig machen konnte. Feuerwehrmänner sind eine schrullenhafte Spezies – sie horten ihre Kaffeetassen und verstauen sie, so wie vielleicht ein Baseballspieler sich von einem Lieblingsfanghandschuh oder -Schläger nicht mehr trennen mag. In den meisten Fällen wurden Tassen eigenhändig abgespült und klammheimlich in Spinden versteckt. Außerdem bewahrte diese Strategie persönliche Tassen davor, einem Feuerwehrstreich zum Opfer zu fallen.

Meine zweite Feuerwehr-Kaffee-Lektion lernte ich auf die harte Tour – lass nie eine volle Tasse unbeaufsichtigt. Es könnte durchaus etwas so Absonderliches wie ein komplettes künstliches Gebiss oder dein verschwundener Feuerhelmkinnriemen auf dem Boden deiner Tasse lauern.

Morgenkaffee ist so ziemlich die vitalste aller Feuerwachentraditionen. Ob man nun den ganzen Abend in Bereitschaft verdöst oder die ganze Nacht hindurch einen Wohnhausbrand bekämpft hat – am Ende einer Schicht bringt die Verlockung des Gebräus sämtliche Trupps in die Küche. Der Kaffee fließt so eifrig wie das Gespräch, bis die Ablösungscrew eintrifft und übernimmt. Dann schnappst du dir deine letzte Tasse Kaffee für den Weg und steuerst nachhause.

Don Rogers

Das Wichtigste über Bohnen

Arabica-Bohnen sind gehaltvoll und aromatisch. Robusta-Bohnen sind von minderer Qualität, haben höhere Koffeinwerte und sind weniger aromatisch. Dabei handelt es sich genau genommen um zwei verschiedene Kaffeearten.

Arabicas sind empfindlicher; sie sind anfällig für Schädlingsbefall und vertragen keine ungünstigen Temperaturen oder unsachgemäße Behandlung. Die Arabica-Art gerät am besten, wenn sie in großen Höhen angebaut wird. Robustas sind viel zählebiger und gedeihen gut unter weniger günstigen Bedingungen in niedrigeren Höhenlagen.

Espresso ist oft eine Mischung aus beiden, was gleichermaßen für preisgünstige handelsübliche Kaffees gilt. Man braucht ungefähr zweiundvierzig Kaffeebohnen für die Zubereitung einer durchschnittlichen Portion Espresso.

Archaisches Gebräu

Bist du mit jemandem auf einer Reise unterwegs,
so nimm deinen Morgenkaffee zusammen mit
großen Portionen Geduld und Toleranz zu dir.

Helen Hayes

Die nordafrikanische Sonne war untergegangen, aber die Kachel- und Ziegelstraßen Alexandrias strömten noch immer die quälende Hitze des Tages aus. Eine vom Mittelmeer kommende kühle Brise brachte den Menschenmassen, die sich hinauswagten, um den Abend zu genießen, allmähliche Erleichterung. Nach einem Tag des Um-die-Wette-Feilschens mit Ladenbesitzern war die Kerntemperatur meines Körpers immerhin so weit gefallen, dass ich meinem Verlangen nach einer Tasse Kaffee nachgeben konnte.

Ich trug mehrere Tüten voll ägyptischer Waren bei mir, während ich – auf der Suche nach der »authentischen« Ortserfahrung – an eventuell infrage kommenden Cafés vorüberging. Männer saßen in den dämmrigen Beton- und Stuckräumen aus dem neunzehnten Jahrhundert und rauchten Tabak oder

Shisha aus Wasserpfeifen. Sie schlürften Kaffee oder Tee und unterhielten sich dabei, lasen Zeitungen oder spielten Backgammon. Ich wählte auf gut Glück ein Café und setzte mich an einen kleinen Holztisch auf dem Bürgersteig einer ziemlich verkehrsreichen Straße gegenüber einer hohen Kaimauer und der Quelle der kühlen Luft.

Der Inhaber des Cafés bahnte sich den Weg durch ein Labyrinth von Holztischen, an denen Dutzende Männer saßen. Neben der Versorgung mit Getränken gehörte es auch zu seinem Job, die Wasserpfeifen am Brennen zu halten, indem er die heißen Kohlen auffrischte und nötigenfalls noch mehr Tabak brachte. Er schwebte, gewissermaßen, von oben herab bei meinem Tisch ein und nahm meine Bestellung im Flug auf. »Qawha«, sagte ich.

»Kaffee?«, fragte er.

»Ja, Kaffee. Shokran. Danke.« Meine Versuche in der arabischen Sprache waren bis dato spärlich und stießen auf ein hervorragendes und liebenswürdiges Englisch. Er verschwand wieder ins Café hinein, und ich begann, mich nach meinem hektischen, in den Schützengräben des Konsumententums verbrachten Tag zu entspannen. Da ich die Unterhaltungen der landesüblich ausschließlich aus Männern bestehenden Gästeschaft nicht verstehen konnte, konzentrierte ich mich auf die Akkordfolgen, die Phrasierung und das auditorisch Erregende des ägyptischen Abends, mit denen das fieberhafte Tempo der Menschen einherging.

Der schnelle Rhythmus von Würfeln und klackenden Keramikspielsteinen auf hölzernen Backgammontischen begleitete den Gesang der Klingeln uralter gelber Straßenbahnen, die dem zufälligen Fußgänger und Autoverkehr auf der Straße ihr Vorhandensein signalisierten. Silhouetten der Fahrgäste wurden von einem trüben inneren Lichtschein in Fenstern eingerahmt, und Wogen des wundervollen Mittelmeers brandeten gegen die Kaimauer, die es den Blicken entzog.

Die Stadt roch nach Gewürz und Meersalz, eine natürliche Garnierung, die ich bemerken sollte, nachdem mir mein Kaffee in einer Mokkatasse gebracht worden war und ich das erste Schlückchen nahm. Süß, dickflüssig, körnig und stark, war die erste Kostprobe ein Abenteuer für meinen Gaumen. Da ich etwas Espressoähnliches erwartet hatte, wurde ich überrumpelt – diesen Kaffee musste man sich ganz langsam zu Gemüte führen; man durfte ihn nicht hastig hinunterkippen.

Während der Kaffee mir die Seele wärmte, begann ich, meine Umgebung mit anderen Augen zu sehen. Ich war den ganzen Tag über sehr befangen gewesen, und als Tourist war ich auf ein gewisses Maß an Aufmerksamkeit, positiver wie negativer, gefasst. Aber in Ägypten, das mindestens genauso fremdländisch war wie jedes sonstige von mir besuchte Land, hatte mich niemand wütend-düster angestarrt, mit missbilligenden Blicken bedacht oder mit irgendwelchen unangenehmen Überprüfungen behelligt.

Plötzlich fühlte ich mich heimisch in dieser Stadt, die schon seit Jahrtausenden, von Alexander dem Großen zu Kleopatra bis zu Napoleon und darüber hinaus, ein Kreuzungspunkt für Reisende und Händler war. Warum sollte ich irgendwelche Aufmerksamkeit erregen? Ich musste laut lachen, während ich meinen Kaffee austrank und dabei ein Pfützchen voll feinem Kaffeesatz auf dem Tassenboden übrig ließ.

Der Caféinhaber räumte die leere Mokkatasse ab und blieb nicht stehen, um zu fragen, wie es mir geschmeckt habe. Zunächst war ich enttäuscht, weil er mir keine Möglichkeit ließ, ihm wegen seines Qawha ein Kompliment zu machen, aber er wusste ja, wie gut der Kaffee war. So war er seit eh und je, und alles, was ich dazu meinte, war allein meine Sache. Ich begann, an diesem so aufrichtigen Grundelement der ägyptischen Kultur Gefallen zu finden. Was ich soeben noch für ein fieberhaftes Tempo, in dem diese Menschen lebten, gehalten hatte, kam mir jetzt konzentriert und absichtsvoll vor.

Ich verließ den Rhythmus des Bürgersteigs und begab mich ins Innere des Cafés, gespannt darauf, zu sehen, wie Qawha zubereitet wird. Die hohe Decke und die mattgrünen tabakgebeizten, rissigen Stuckwände waren alles andere als anheimelnd. Ich näherte mich einem betagten Holztresen, hinter dem der Inhaber ein winziges Kohlenfeuer schürte, und fragte, ob ich noch einen Kaffee bekommen könne. Ich sagte ihm, dass ich gerne sehen würde, wie er zubereitet werde, und das brachte ihn zum Lächeln.

Er ging zu einem uralten Herd hinüber. Die hohe Rückwand war aus Silber und zeugte von einem entschwundenen Zeitalter der Handwerkskunst – schön, reich verziert und sichtlich mit großer Sorgfalt aufpoliert. Die flache Herdstelle war mit etwa einer Handbreit Sand bedeckt, der von darunter befindlichen Gasbrennern erhitzt wurde. Der heiße Saharasand war zum Zweck des Kaffeemachens gebändigt worden – noch ein weiteres Beispiel für die Fähigkeit des Menschen, die Elemente zu bezwingen.

Mit einem stolzen Lächeln begann er, eine Maßeinheit Kaffeebohnen in einer handbetriebenen Mühle bis zu einer Körnung zu vermahlen, die noch feiner war als die von Espresso. Dann goss er Wasser in einen Ibrik, ein kupfernes Gefäß mit einem langstieligen Holzgriff, und gab als Zweites Zucker hinein und zuoberst den Kaffee. Bald war der Ibrik bis zum oberen Rand der Öffnung von diesem heißen Sand umschlossen. Nach mehreren Minuten und einigen geschickten Handgriffen, durch die er den Kaffee zu dreimaligem Aufbrodeln brachte, goss er den Inhalt in eine Mokkatasse und schob sie mir über den Tresen hin.

Ich trank ihm mit der winzigen Tasse zu, einem Handwerksmeister in der uralten und bescheidenen Kunst des Kaffeekochens. Es war der Beste, den ich je gekostet hatte, erdig und gehaltvoll, und ich genoss ihn so, wie man ihn schon seit fast tausend Jahren genossen hatte.

Manchmal kann es erschütternd sein, wie klein wir uns angesichts der Geschichte eines Ortes vorkommen, aber in den einfachen Momenten wie etwa diesem, beim Genießen einer Tasse Kaffee, können wir unsere Gleichheit mit allen Menschen entdecken.

Jeremy R. Hope

Kaffee aus der Untertasse

Ist Ihnen klar, wie besonders Sie sind?
Ich serviere Ihnen Kaffee im Salon.

Anthony Quinn in »Die schwarze Orchidee«

Großmama war eine Dame, daran besteht kein Zweifel. Sie hatte diesen Rang nicht mühelos erreicht, denn sie war als eines von zehn Kindern extrem armer schottisch-irischer Eltern in einer ländlichen Gemeinde in West-Illinois aufgewachsen. Ihr Papa ernährte die Familie als Kleinbauer und Postbote. Er war wohl angesehen, ein liebevoller, fürsorglicher Vater und Ehemann. Großmama war noch kein Teenager, als er starb und ihre Mutter sich infolgedessen mit den Finanzen herumschlagen musste.

Urgroßvater hatte ihr einen Webstuhl gebaut, und sie webte Flickenteppiche, um damit mehr schlecht als recht den Lebensunterhalt für die große Familie zu bestreiten. Die Urgroßmutter und Großmamas ältere Brüder wollten, dass sie ein besseres Leben haben sollte, und so wurde Großmama eine Zeit lang auswärts bei einer Tante untergebracht, die in

Springfield eine gute Partie gemacht hatte. Von dieser Tante sollte Großmama dann »Stadtmanieren« und gute Umgangsformen lernen. Sie war sich immer bewusst, was für ein Geschenk diese Erfahrungen waren, führten sie doch zu einem besseren Leben und schließlich zur Ehe mit einem aufstrebenden, jungen Zahnarzt.

»Benimm dich wie HERRSCHAFTEN!«, pflegte sie mich zu ermahnen, genauso wie ihre Tante ihr dies eingeschärft hatte. Und wie sie wurde ich während der Jahre der Weltwirtschaftskrise, als mein Vater keine Arbeit finden konnte, auswärts untergebracht. Was für ein Glück hatte ich, dass es ausgerechnet Großmama und mein Großvater waren, bei denen ich wohnen sollte. Und es war hauptsächlich meine Großmama, von der auch ich lernte, auf meine Manieren zu achten. Großmama war mir in jenen Kinderjahren eine wundervolle Kameradin, und ich war sehr glücklich in ihrem angenehm weiträumigen Zuhause. Aber Großmama war pingelig darauf bedacht, Dinge auf die gehörige und korrekte Art zu tun. Daher fand ich es immer recht sonderbar, dass sie ihren Morgenkaffee aus einer Untertasse trank! Jeden Morgen machte sie in einem Herdplattenperkolator eine Kanne Kaffee, und der duftete himmlisch, wie mir schien. Ich wollte ihn gern probieren, aber Großmama sagte, er würde mein Wachstum hemmen! Manchmal gab sie zusätzlich noch ein paar Stücke Eierschale in die Kanne – ich hatte keine Ahnung, weshalb, aber andere Herrschaften machten es damals ebenso. Das Frühstück war, außer an Schultagen, eine gemächliche Angelegenheit. Während der Kaffee im Perkolator durchlief, briet Großmama zwei

Eier in der Pfanne für sich und eines für mich und machte uns Toast, den sie großzügig mit selbst gemachtem Traubengelee bestrich.

Wir genossen unser Frühstück am Küchentisch, der farbenfroh mit einem rot karierten Wachstuch bedeckt war. Sie schenkte sich eine Tasse Kaffee ein und hob nach ein paar Minuten die Tasse von der darunterstehenden Untertasse ab und goss in diese Kaffee hinein. Dann führte sie die Untertasse mit beiden Händen elegant an ihre Lippen, um zu trinken. Als ich meinen Großvater vertraulich fragte, warum Großmama ihren Kaffee auf diese Weise trinke, sagte er, sie mache es so, um zu vermeiden, sich den Mund zu verbrennen. Das klang plausibel, und daher bezweifelte ich es nie. Aber während ich älter wurde und Großmama in Sachen gute Manieren immer größere Striktheit an den Tag legte, fühlte ich mich durch ihr Untertassengeschlürfe doch allmählich ein bisschen peinlich berührt, weil ja ganz offensichtlich andere Leute, die wir respektierten, aus ihren Tassen tranken.

Als ich ungefähr zwölf war, durfte ich eine Freundin aus der Schule über's Wochenende zu uns nachhause mitbringen. Ich war ein bisschen nervös, weil ihre Mutter eine meiner Lehrerinnen und selbst eine sehr korrekte Dame war. Ich kannte Dorothy nicht besonders gut, hoffte aber, dass wir beste Freundinnen werden würden. Ich wollte, dass das Wochenende ganz besonders werden und sie beeindrucken würde. Alles war gut und schön am Freitagabend, als sie kam. Großmamas Abendessen war wie immer etwas, auf das man stolz sein konnte. Danach durften wir Coca-Cola trinken, aber Großmama duldete es nicht, dass ich Dorothy Cola aus der Flasche zu trinken gab. »Das gehört sich nicht«, sagte Großmama und stellte uns Gläser hin. Überall tränken die Kids Cola aus Flaschen, beteuerte ich vergeblich.

Doch dann, am Samstagmorgen, war mir bange. Großmama war am Küchentisch, als wir Mädchen aufstanden. Wir kamen in die Küche, und da saß Großmama und trank ruhig ihren Kaffee aus einer Untertasse, während sie die Morgenzeitung las. Großmama stand auf und machte uns ein besonderes Frühstück aus Pfannkuchen und Würstchen. Ich war glücklich, bis sie sich wieder hinsetzte und sich zu uns gesellte, wobei sie etwas Kaffee in ihre Untertasse goss und anmutig schlückchenweise daraus trank, die Ellbogen auf den Tisch gestützt, um die Untertasse stabil halten zu können. Ich wollte ganz in meinem Sessel zusammensinken und unter den Tisch gleiten. Mein Gesicht glühte vor Verlegenheit.

Was dachte Dorothy wohl? Würde sie je wieder zu uns nachhause kommen wollen? Hielt sie Großmama womöglich für eine doofe alte Frau vom Lande, die es eben nicht besser wusste? Sie beobachtete jede einzelne Bewegung Großmamas – die Art, wie sie frischen, dampfenden Kaffee in ihre Tasse goss, dann von der Tasse in die Untertasse und diese dann vorsichtig hochhob, um das Aroma auszukosten und ihn langsam zu trinken.

Nachdem wir gegessen hatten, schickte uns Großmama nach draußen zum Spielen, mit der Anmerkung, dass wir beim Geschirrspülen nicht zu helfen bräuchten. Ich war froh, dass ich davon verschont blieb, doch ich graute mich vor dem, was

Dorothy sagen würde, sobald wir außer Hörweite wären. Sie sah mich an, und ich stand ganz still da, machte mich auf das Schlimmste gefasst. Vielleicht würde sie auf der Stelle heimwollen und nie meine Freundin werden.

»Marcia«, sagte Dorothy mit einem Seufzer, »also ich mag deine Großmama sehr gern! Meine Großmutter macht nie Pfannkuchen. Und ist die deine nicht was ganz, ganz Liebes? Hat sie nicht wunderschöne Hände? Ich hab noch nie jemanden so graziös Kaffee trinken sehen.« Ich war sprachlos. Und schämte mich vor mir selbst. Ich wollte mehr denn je mit diesem Mädchen befreundet sein, das in einer liebevollen alten Frau, die schlückchenweise Kaffee aus einer Untertasse trank, nur das Schöne sah. Und Großmamas Eigenheiten brachten mich nie wieder in Verlegenheit.

Marcia E. Brown

Ein neuer Grund fürs Körpertraining

Die Geisteskräfte eines Menschen stehen
in direktem Verhältnis zu der von ihm
getrunkenen Menge an Kaffee.

Sir James Mackintosh

Schon seit Jahren mühe ich mich ab, mein Fitnessprogramm regelmäßig durchzuziehen. Ich weiß, dass ich mehr Körpertraining betreiben sollte; deswegen bin ich ja überhaupt erst Mitglied bei einem Fitnessstudio geworden. Bedauerlicherweise brachte mich mein Beitritt nicht auch schon automatisch ins Studio hinein. Also ließ ich mir etwas einfallen, das ich für eine todsichere Methode hielt, meine Fitnessziele auf Kurs zu halten.

Plan eins: Frühmorgens aufstehen, sofort zum Fitnessstudio fahren, eine Stunde Workout, duschen und bis um 9 oder 10 Uhr vormittags fertig sein. Bedauerlicherweise konnte ich das nur einen Monat lang durchhalten. Wissen Sie, ich fing im

September an, und wenn man, wie ich, in Oregon lebt, kriegt man es im Oktober zwangsläufig mit vielen Wetterwechseln zu tun, die für meine Verpflichtung nicht förderlich waren. Ich blieb, mehr oder minder unversehens, im Bett liegen, dem an die Fenster prasselnden Regen, dem durch die Tannen heulenden Wind lauschend, und spürte, wie ich tiefer und tiefer in die Matratze sank, während die Daunenbettdecke mir süß ins Ohr zu flüstern schien: »Schlaf wieder ein. Du kannst ja immer noch morgen Früh ins Fitnessstudio gehen, wenn wieder besseres Wetter ist.« Leider war der nächste Tag seltsamerweise wie der vorhergehende, und langsam zerrann mein Ziel, morgens körperlich zu trainieren.

Aber ich bin eine entschlossene Frau, und wo ein Wille ist, muss auch ein Weg sein. Aber welcher Weg? Ich kam zu der Überzeugung, dass es, da es morgens nicht klappte, sicherlich am Abend besser funktionieren würde. Da hätte ich dann allen Schlaf bekommen, den ich brauchte, und sämtliche Hausarbeiten und Einkäufe schon erledigt, sodass ich mich einfach geradewegs zu dem Fitnessstudio hinübertreiben lassen und einen Aerobic-Kurs mitmachen konnte. Bedauerlicherweise hatte ich vergessen, wie früh es hier im Nordwesten dunkel wird. Außerdem bemerkte ich, dass die meisten Abendkurse voller junger, athletischer und energiegeladener Leute waren, sodass ich nach ein paar kläglichen Versuchen, zu bleiben und körperlich zu trainieren, mich mit meinem Alter um die fünfzig abfand und daheim blieb, wo ich sicher und proper war.

Nun wurde ich nachgerade äußerst frustriert und ärgerte mich über mich selbst. Das Gewicht holte mich mehr und mehr ein, und die Zeitungen kreischten mich an: Gewichtszunahme führt zu hohem Blutdruck, Diabetes, Herzkrankheit etc. Und überdies bekam ich allmählich wegen des Geldes, das ich jeden Monat für das Fitnessstudio zahlen musste, das ich nicht nutzte, ein derart schlechtes Gewissen, dass ich mich sukzessive durch meine Küchenvorräte aß.

Genauer gesagt bis zu jenem schicksalhaften Tag, an dem ich die Morgenzeitung aufschlug und, zu meiner Überraschung und Freude, von den Schlagzeilen begrüßt wurde, die meine Einstellung zum Körpertraining für immer ändern sollten: »Neue Untersuchungen beweisen, dass Schokolade und Koffein gesundheitsförderlich sind.«

Mit beginnender Lektüre des Artikels stellte ich fest, dass die Wissenschaft endlich zu der Erkenntnis gelangt war, über die Frauen schon seit Jahrhunderten verfügen: Schokolade und Koffein tun einem eigentlich gut. Sie liefern sogar Antioxidantien, die zur Neutralisierung unterschiedlichster Erkrankungen beitragen, von Alzheimer bis zu hohem Blutdruck.

Wie euphorisch ich war, während ich schnellstens meine Workout-Tasche packte und mich auf den Weg zum Fitnessstudio machte! Über eine Stunde trainierte ich mit neuer Entschlossenheit. Später, als ich an einem Tisch im Starbucks saß und meinen fettfreien Mokka schlürfte, genoss ich meine neu entdeckte Belohnung dafür, dass ich meine Verabredung, körperlich zu trainieren, eingehalten hatte. Das war vor über vier Jahren.

Mein beständig betriebenes Körpertraining hat mein Leben in so vielerlei Hinsicht geändert! Ich fühle mich gesünder, nicht nur körperlich, sondern auch seelisch. Und dadurch, dass ich regelmäßig ins Fitnessstudio gehe, hatte ich auch Gelegenheit, andere Frauen kennen zu lernen, die sich schwer damit tun, einen Grund zum körperlichen Trainieren zu finden. Und so bin ich denn nicht mehr allein im Starbucks, sondern treffe mich dort mit anderen, die sich gelobt haben, auch weiterhin zu trainieren und ihre Schokolade und ihr Koffein zu genießen – zu rein medizinischen Zwecken, versteht sich.

Patricia Hoyt

Methoden, die Bohne zu brühen:

Der Filteraufguss

Die in den USA und den Ländern Mittel- und Nordeuropas mit Abstand verbreitetste Methode, Kaffee zuzubereiten, ist das Aufbrühen über einen Filter, entweder einen Handfilter oder über einen Filter in entsprechend konstruierten Kaffeeautomaten.

Das im Filter befindliche, für eine oder mehrere Tassen portionierte Kaffeepulver (mit mittelgrobem Mahlgrad) wird, manuell oder maschinell, mit fast bis zum Siedepunkt erhitztem Wasser aufgebrüht. Als Filter werden entweder Handfilter aus Plastik oder Porzellan mit entsprechendem Einmalfiltertüten (aus Papier) verwendet oder, in den Kaffeeautomaten, neben den Einmalfiltereinsätzen (und entsprechender Plastikfiltereinheit) auch Permanentfilter aus Metall oder Plastik. Der Papierfilter fängt einiges von den aromatischen Ölen in Ihrem Kaffee ab, und ein Plastikfilter verursacht einen Beigeschmack, wie viele Kaffeeliebhaber finden. Daher wird generell Metall bevorzugt.

Für Papierfiltereinsätze brauchen Sie eine feinere Mahlung und für Permanentfilter eine etwas gröbere.

Käse und Kaffee

Gute Kommunikation ist so stimulierend wie schwarzer Kaffee, und danach fällt einem das Einschlafen genauso schwer.

Anne Morrow Lindbergh

Mein Sohn Shane hat einen Freund, der so still ist, dass ich ihn schon zwei Jahre lang kannte, bevor ich seinen richtigen Namen herausfand. Immer wenn ich ihn sah, winkte ich, und der Junge, den ich nur als den »Käse« kannte, nickte dann und schaute weg, wobei ihm die langen Haare über das auffallend hübsche Gesicht fielen.

»Dieser Käse – was ist denn mit dem eigentlich?«, fragte ich meinen Sohn.

»Was meinst du damit?« Er war nie besonders bemüht, seiner Mutter mehr als die wesentlichen Tatsachen preiszugeben.

»Ich meine: Erzähl mir etwas über ihn.«

»Ich weiß nix; Käse ist der Käse. Er ist cool.«

»Wie heißt er mit richtigem Namen?«

»Er hat einen deutschen Namen – Louden, Latten – so was.«

»Hast du irgendeinen gemeinsamen Unterricht mit ihm? Ist er ein guter Schüler?«

»Er ist wirklich still, aber intelligent, Mama. Er nimmt keine Drogen, betreibt keinen Prostitutionsring und raubt auch nach der Schule keine Leute aus, okay?« Mir war bewusst, dass ich angefangen hatte, ihn auszufragen; daher zog ich mich zurück.

Ich denke, es ist das instinktive Bedürfnis einer Mutter, die Sorte Menschen kennen zu wollen, mit denen ihre Kinder die Zeit verbringen, wenn sie nicht zuhause sind. Man hört Geschichten von Teenagern, die an die verkehrte Clique Anschluss finden, und von Müttern, die darüber lamentieren, ihre Kinder würden nicht alleine agieren – dass Freunde sie verändert hätten. Ich hatte kein ungutes Gefühl bei Käse; mich beunruhigte nur, dass ich ihn nicht kannte. Er schien Abstand zu halten.

Gleichwohl kam er zu jeder Veranstaltung, die mein Sohn besuchte, und nach ein paar Monaten des Ihm-Zuwinkens wunderte ich mich, als er eines Tages nicht nur zurückwinkte, sondern auch lächelte. Mein Sohn lief zum Wagen her. »Bei Käse steigt dieses Wochenende eine Party. Darf ich hin?«

»Werden seine Eltern da sein?«

»Käse! Unter Aufsicht?«, brüllte mein Sohn. Käse hielt zwei Finger hoch und wackelte damit.

»Er sagt, beide Eltern werden da sein.«

»Okay, die Einzelheiten erfahr' ich dann später.« Mir war schwummrig zumute. Wir wohnten erst seit einem Jahr in der Stadt. Das würde die erste Highschoolparty meines Sohns sein, und ich wusste nichts über den Gastgeber. Er konnte auf Pornografie stehen, auf Computer-Hacking oder auf Drogen. Und Sie wissen ja, was man sagt – stille Wasser sind tief.

Meine Befürchtungen waren unbegründet. Die Party war ein Erfolg, und Shane kam unversehrt nachhause und berichtete mir über fast jede Minute der Nacht. Käse lächelte weiterhin beim Winken.

Ein paar Monate später fragte Shane, ob er Käse zusammen mit ihrer gemeinsamen Freundin Emily zum Videogames-Spielen zu uns einladen dürfte. Ich dachte, das wäre eine gute Möglichkeit, den Freund meines Sohnes kennen zu lernen, also war ich einverstanden. Emily kannte ich schon. Sie war ein quirliger Sonnenschein, und ich freute mich immer auf ihre Besuche. Sie war sehr unterhaltsam, und man kam gut mit ihr aus. Tatsache – wenn Emily da ist, braucht sonst niemand zu reden, weil sie die Dinge munter am Laufen hält!

Beide Kids trafen ein, und Käses Mutter nickte, als sie den Wagen wendete, um wegzufahren. Ich registrierte unwillkürlich, dass ich das gleiche Nicken bei ihrem Sohn gesehen hatte. *Ein* Geheimnis gelüftet.

Die Teenager verschwanden in die Scheune, aus der bald laute Musik erschallte. Ich linste ab und zu hinein, überließ die Kids aber ihren Gesprächen, ihrer Musik und ihren Videospielen.

Emily kam herein, um Snacks abzuholen.

»Was läuft denn so bei euch Typen?«, fragte ich.

»Nichts. Sie kennen ja Jungs – überhaupt nichts.« Sie schüttelte den Kopf und verschwand mit Chips und Getränken.

Zu vorgerückter Stunde kam dann Shane in unser Büro, als ich gerade im Begriff war, ihn suchen zu gehen. »Dürfen sie bitte über Nacht bleiben?« Ich sah auf meinen Kalender; nichts geplant für Samstagvormittag.

»Wenn's ihren Eltern recht ist, soll's mir auch recht sein.« Sein Gesicht entspannte sich erleichtert.

»Die haben nichts dagegen.« Er rannte davon, bevor ich ihn ausschimpfen konnte, die Sache geplant zu haben, ohne mich vorher zu fragen. Die Kids kamen ins Haus und setzten ihre Videospiele bis in die frühen Morgenstunden fort.

Ich ging zu Bett, wachte zur üblichen Stunde auf und steuerte zur Küche, wo die vorprogrammierte Kaffeemaschine schon eine volle Kanne für mich bereithielt. Ich saß bei meinem Gebräu, bis ich unvertraute Schritte sich nähern hörte.

»Hey.« Es war Käse. Mein erstes Wort von ihm!

»Guten Morgen. Hast du gut geschlafen?«

»Klar«, sagte er und warf einen Blick auf den Kaffee in meiner Hand, bevor er sich umwandte, um wegzugehen.

»Möchtest du eine Tasse Kaffee?« Er machte kehrt und lächelte.

»Das wär' schön.« Ein Satz! Ich reichte ihm eine Tasse und wies ihn auf die Sahne und den Zucker hin, wovon er aber nichts nehmen wollte.

»Ich mag ihn schwarz, danke.«

Ich habe eine Theorie über Leute, die schwarzen Kaffee trinken. Sie brauchen kein Beiwerk, weil sie das Wesentliche schätzen.

Mein Großvater war der Erste, den ich kannte, der seinen

Kaffee schwarz trank. Er war ein Zuhörer und ein wortkarger Mann, aber wenn er sprach, hörten alle hin. Er machte sich nicht viel aus Extras, zeigte nicht unverhohlen seine Gefühle, und wenn er jemanden zum ersten Mal begrüßte, nickte er prinzipiell nur.

»Wie heißt du mit Vornamen, Käse?«, fragte ich, wobei mir bewusst war, dass er, falls er meinem Großvater glich, wohl überhaupt nicht schüchtern sein würde, sondern einfach nur effizient.

»Kevan Lautenschlager.«

»Freut mich, dich kennen zu lernen, Kevan. Ich bin Dawn.« Er grinste über die Albernheit der verspäteten Vorstellung, aber als er seinen Kaffee an die Lippen setzte, sah ich, dass er das Aroma des Kaffees auf die gleiche Weise mit einem langen Atemzug durch die Nase inhalierte, wie früher mein Großvater, bevor er ihn trank. Ich hatte plötzlich das Gefühl, diesen stillen Jungen zu kennen, und mochte ihn sehr.

Wie ich das oft bei meinem Großvater gemacht hatte, zerbrach ich mir den Kopf, was genau ich vorbringen sollte, um die richtigen Informationen zu kriegen, ohne deswegen als dümmlich abgetan zu werden.

»Was willst du mal an der Uni studieren?«, kam heraus.

»Biologie und Botanik.« Er schaute in seinen Kaffee, als ob er sich eine Antwort auf die unausweichliche nächste Frage zurechtlegen würde.

»Und weshalb?«

»Weil Pflanzen einen tief greifenden Einfluss auf das menschliche Leben haben. Nicht viele Leute begreifen, dass sie weitaus nützlicher sind als Nahrungsmittel und Möbel.« Ich war fasziniert; das konnte man mir ganz bestimmt ansehen.

»Haben Sie schon mal von der Daturapflanze gehört?«

»Das halluzinogene Kraut von Don Juan?« Seine Augen weiteten sich, als ob er mich soeben zum ersten Mal sähe.

»Nicht bloß ein Halluzinogen. Datura wurde als Schmerzmittel und als Beruhigungsmittel eingesetzt, aber es ist auch ein tödliches Gift!«

»Woher weißt du das denn?«

»Ich habe viel über Pflanzen gelesen. Wussten Sie, dass dieser Kaffee, den wir da trinken, früher von der muslimischen Religion verboten wurde? Sie sagten, er wäre berauschend. Kaffee wurde erfolgreich zur Behandlung von Diabetes, Leberzirrhose und Asthma bei Säuglingen verwendet.«

»Ich hatte keinen Schimmer.«

Die tägliche Mahlwerkelei

Es gibt verschiedenerlei Kaffeemühlen. Die gebräuchlichste ist die so genannte Propellermühle, eine Mühle mit einem Schlagmesserwerk. Zwei propellerartig angeordnete Metallklingen drehen sich mit sehr hoher Geschwindigkeit zur Zerkleinerung und Zermahlung der Kaffeebohne.
Um eine einheitlichere Bohnenmahlung zu erzielen, kann man eine Mahlwerkmühle verwenden. Der Nutzeffekt einer einheitlichen Mahlung ist ein aromatischerer Kaffee. Die Mahlwerkmühlen unterteilen sich in zwei Typen, nämlich die Kegelmühlen mit konischem Mahlwerk und die mit zwei identischen Mahlscheiben versehenen Scheibenmühlen; aber für den Durchschnittsverbraucher ist es letztlich nur eine Frage der persönlichen Vorliebe, welches Modell er wählt.

Kevan berichtete Weiteres über die Pflanzen, die er studiert hatte. Seine Informationen waren mir allesamt neu.

Als wir gerade eine zweite Tasse austranken, kamen Shane und Emily in die Küche herein und glotzten vor Staunen, dass Kevan redete. Beide trinken keinen Kaffee, daher dauerte es eine Weile, bis sie richtig wach wurden, und sie saßen einfach nur begeistert da, wie ich auch – fasziniert über die Offenheit, die eine einfache Tasse Kaffee geweckt hatte.

Als das Gespräch zu den Unternehmungen des Tages überging, wurde Kevan wieder still und überließ den anderen das Planen. Als sie fortgingen, wandte sich Kevan um und winkte. Ich lächelte und nickte über meiner dritten Tasse.

Ich habe ihn seitdem nie mehr Käse genannt.

Dawn Howard

Lagerfeuerkaffee – es gibt nichts Besseres!

Es geht nichts darüber, wieder unbehelligt allein zu sein,
in Frieden mit sich selbst in den Wäldern zu wandern.
Seinen Kaffee zu kochen und seine Pfeife zu stopfen und
dabei ruhig und gemächlich nachzudenken.

Knut Hamsun

Auf dem Zeltplatz fiel mir die morgendliche Aufgabe zu, den Kaffee zu kochen, was eigentlich kein Problem hätte darstellen sollen.

Kaffee machte ich ja bereits, seit ich alt genug war, ihn zu trinken. In meiner Familie hieß das: ab zehn oder elf. Mit dem elektrischen Crazy-Daisy-Perkolator meiner Mutter kam ich schon bestens klar, als ich mich noch auf einen Tritthocker stellen musste, um ihn zu erreichen. Zu meinem sechzehnten Geburtstag schenkte mir meine Großmutter meine ureigene Mister-Coffee-Maschine, die nach wie vor zu meinen Lieblingsgeschenken zählt.

Ob nun aufgebrüht oder im Perkolator zubereitet – der Kaffee, den ich machte, war grundsätzlich immer köstlich. Das sagten alle. Aber mein Lagerfeuerkaffee war der beste. Was ließ sich mit dem Aroma und Geschmack des in der freien Natur zubereiteten Kaffees vergleichen, in fleckigen Blechtassen brühheiß serviert mit einem Löffel Zucker und einem Spritzer echter Sahne?

Nichts auf dieser Welt.

Mein Mann George und ich verbrachten unsere Flitterwochen auf einem Campingplatz im Great-Smoky-Mountains-Nationalpark. Ebendort brachte er mir bei, dürre Zweige aufzusammeln und sie in der Mitte der runden, von Steinen eingefassten Feuerstelle tipiförmig über einem Haufen trockener Blätter anzuordnen. Er zeigte mir, wie man größere Aststücke hinzufügt, sobald das Anmachholz Feuer gefangen hat, und genau zur rechten Zeit richtige Holzscheite auf die Flamme legt.

Aber ich meinerseits brachte ihm bei, die Espressokanne aus Aluminium – ein Hochzeitsgeschenk von meiner Schwester – auf dem Feuerrost genau an die richtige Stelle zu setzen, damit der Kaffee vollständig durchlaufen, aber nicht aufkochen würde. Ich zeigte ihm, wie man mithilfe der Küchenzange das Filterkörbchen herausnimmt, damit wir nicht am Ende Kaffeesatz in unseren Tassen hätten. Und ich meinerseits überzeugte ihn davon, dass es eine Sünde sei, zu warten, bis der Kaffee etwas abkühlt, ehe man ihn trinkt.

»Je heißer, desto besser«, sagte ich ihm und stürzte meinen, sobald er eingeschenkt war, mit einem zufriedenen Lächeln hinunter.

Camping wurde zu einem unserer Lieblingshobbys. An unserem fünften Hochzeitstag überraschte ich George mit einem »Fliegengitterhaus« – einem hohen Zelt mit durchsichtigen Seitenwänden, das man als Zeltplatzküche verwenden konnte. Regen, Insekten, Skunks und Waschbären würden unser Kochen und Speisen nicht mehr auf verheerende Weise beeinträchtigen.

Sein Geschenk für mich war gleichermaßen aufregend – ein Coleman-Gaskocher mit zwei Brennern. »Kaffee, Schinkenspeck mit Eiern, Hamburger – was immer du wünschst, wir können es auf diesem Kocher zubereiten«, sagte er schmunzelnd.

Einige Wochenenden später luden wir ein mit uns eng befreundetes und gleichermaßen für die freie Natur begeistertes Paar ein, uns in die Berge zu begleiten. Wie George waren die beiden passionierte Sportangler. Aber ich nicht. Besonders nicht frühmorgens um halb fünf, dem Zeitpunkt, wo sie zum Forellenbach abmarschieren wollten.

»Ich werd' einfach ausschlafen«, sagte ich ihnen. »Auf jeden Fall bis zum Sonnenaufgang. Falls das Feuerholz trocken bleibt, sorg' ich dafür, dass eine Kanne Kaffee auf euch wartet, wenn ihr zurückkommt.«

»Ja hast du's denn schon vergessen, meine Süße«, sagte George kopfschüttelnd mit gespielter Enttäuschung. »Lagerfeuerkaffee ist doch jetzt nicht mehr nötig, wo wir einen Kocher haben.«

»Aber ich hab' keine Ahnung, wie man das Ding bedient«, sagte ich ihm.

»Das geht leicht«, sagte er und stellte den Gaskocher auf den Tisch in der Mitte des Fliegengitterhauses. »Leg zuerst diesen Hebel um. Öffne dann das Treibstofftankventil, und zwar *so*. Jetzt brauchst du bloß noch diesen schwarzen Knopf ein bisschen zu drehen.« Er zeigte darauf. »Halte den Anzünder an den Brenner, und, voilà, du kochst mit Gas.«

»Meine Güte, Schatz, also ich weiß nicht. Vielleicht sollt' ich mit dem Gaskocher doch erst rumspielen, wenn ihr wieder da seid.«

»Wie du willst! Aber wir haben nicht mehr viel Feuerholz, und es kann in den späten Vormittag hinein dauern, bis wir mit dem Angeln fertig sind. Du weißt, wie du wirst, wenn du so lange auf Kaffee warten musst.«

Er hatte Recht. Ich konnte den Gedanken an drei oder vier Stunden ohne meinen morgendlichen Zaubertrank nicht ertragen. Okay, okay. Ich würde Gaskocherkaffee machen. Wie schwer konnte das denn schon sein?

Der Himmel drohte Regen an, als ich am nächsten Morgen kurz nach Tagesanbruch aus dem Zelt kroch. George und unsere Freunde waren schon seit ein paar Stunden weg. Ich dachte mir, der im Westen grollende Donner werde sie sehr bald zum Campingplatz zurücktreiben.

Ich sollte lieber gleich mit dem Kaffee anfangen, sagte ich mir.

Ich marschierte zum einzigen Wasserzapfhahn des Campingplatzes hinüber und füllte die nunmehr nach fünf Jahren harten Einsatzes verbeulte und fleckige Mokkakanne mit kaltem Wasser. Ich trug sie ins Fliegengitterhaus zurück und löffelte sorgfältig die genau richtige Menge Kaffeepulver in das Filterkörbchen. Ich setzte es oben auf das Saugrohr und ließ den Deckel passgenau einrasten, genauso wie ich es Dutzende Male zuvor gemacht hatte.

Dann war es Zeit, den Gaskocher anzuzünden. Leg den Hebel um, erinnerte ich mich selbst. Öffne das Treibstoffdruckventil. Kein Problem so weit. Aber als Nächstes kam der Teil, der mich nervös machte – das Gas zünden.

George hatte mir gesagt, ich solle den schwarzen Knopf drehen und den Anzünder an den Brenner halten. Aber wie weit musste ich ihn denn eigentlich drehen? Das wusste ich nicht mehr. Ich versuchte es mit einer Vierteldrehung und betätigte den Anzünder. Der Brenner wollte nicht brennen. Ich drehte den Knopf ein bisschen weiter.

Noch immer nichts. Vielleicht hatte er ja gesagt, ich solle ihn während des Anzündens bis zum Anschlag aufdrehen und ihn dann vor dem Aufsetzen der Mokkakanne niedriger stellen.

Ja, das war bestimmt das, was ich eigentlich tun musste.

WUUSCH! In dem Moment, wo der Funke aus dem Anzünder mit all diesem Gas in Berührung kam, sprang ein gigantischer Flammenball von dem Gaskocher empor und schlug über dem Kunststoffdach des Fliegengitterhauses zusammen, das sofort zu schmelzen begann.

»Hilfe!«, brüllend rannte ich auf das Zelt in der nächsten Campingparzelle zu. »Feuer! Hilfe!«

In Windeseile kamen mir Dutzende von Mitcampern zu Hilfe und schleuderten eimerweise Wasser auf das Fliegengitterhaus, das jetzt flach zusammengesunken und schwelend auf dem Erdboden lag. Dann begann es, zum Glück, in Strömen zu gießen. Das Feuer würde sich nicht ausbreiten. Ich dankte denen, die mir geholfen hatten, und kroch kleinlaut in mein Zelt zurück, um das Ende des Unwetters abzuwarten. An diesem Morgen würde es auf unserem Zeltplatz keinen Kaffee geben. Und ich wusste, welches Geschenk ich mir von meiner Schwester zu Weihnachten wünschen würde – eine neue Mokkakanne aus Aluminium als Ersatz für die soeben absolut irreparabel durchgeglühte.

Jennie Ivey

Dekadente Leckereien – nichts für Puristen

Mit Schokolade überzogene Kaffeebohnen: Schmelzen Sie Zartbitterschokolade. Belegen Sie ein Backblech mit Wachspapier. Verteilen Sie dunkel geröstete Bohnen gleichmäßig auf dem Backblech. Gießen Sie die geschmolzene Schokolade über die Bohnen, bis sie ganz davon bedeckt sind. Verstreichen Sie die Schokolade zu einer durchgängig geschlossenen Schicht und legen Sie dann das Backblech in den Kühlschrank. Zerkleinern Sie die Schicht, sobald sie fest ist, in mundgerechte Stücke.

Mokka quick & easy: Verwenden Sie hierzu Espressokaffee oder dunkel gerösteten Kaffee, und geben Sie vor dem Einschenken des frisch gebrühten Kaffees Schokoladensirup oder heißen Schokoladenmix in die Tasse.

Aufgepeppt: Geben Sie vor dem Brühen ein Pfefferminz – richtig: die Atempastille – in Ihre Kaffeepulverportion mit hinein; das ergibt einen köstlichen, einfach zubereiteten Pfefferminzkaffee. Nehmen Sie stattdessen ein bisschen Zimt, falls Sie dessen Aroma bevorzugen.

Nussig kaffeevernarrt: Wollen Sie lieber ein feineres Aroma als das von Sirup, so zermahlen Sie eine Nuss Ihrer Lieblingssorte und streuen Sie sie vor dem Brühen auf Ihre Kaffeepulverportion. Haselnüsse, Mandeln und Macadamianüsse ergeben alle eine wundervolle Geschmacksnote.

Eine Tasse schwarzer Kaffee

Ob ich meinen Kaffee schwarz mag?
Gibt's denn noch andere Farben?

Verfasser unbekannt

Was ist Erleuchtung? Ich würde sagen, dass sie ein geistiges Erwachen ist. Und dass sie durch so einfache Dinge hervorgerufen werden kann wie etwa das genüssliche Trinken schwarzen Kaffees aus einer Porzellantasse mit Goldrand.

Ich bin eine notorische Teetrinkerin und trank meinen Tee grundsätzlich sämig, milchig, leicht gesüßt, dampfend heiß und orthodox aus einem Glas. Er musste diesen ziemlich strengen Standards entsprechen, genauso wie alles Übrige, das in meinem Leben von Bedeutung war.

Und bitte, da war ich denn – und hielt unversehens, an einem Pariser Boulevard allein unter der Sonne sitzend, eine Tasse schwarzen Kaffee ohne Zucker in der Hand. Für mich symbolisierte der schwarze Kaffee einen Übergangsritus. Die

Süße war vor einiger Zeit aus meinem Leben verschwunden, und der Kaffee, in seiner puren Schwärze, sprach Bände. Ich war nach Frankreich gereist und hatte registriert, dass schwarzer Kaffee das eindeutig bevorzugte Getränk der sehr sexy wirkenden und schlanken Französinnen war. Ganz plötzlich wollte ich wie sie sein.

Insgesamt gesehen, war ich eine indische Hausfrau, die auf einmal anfing, mit ihrem stumpfsinnigen Dasein ins Reine zu kommen, und befand, dass das Trinken von schwarzem Kaffee die erste Kostprobe in die richtige Richtung sein würde.

Ich musste nach Paris reisen, um das zu begreifen. Vielleicht bringt Sie das zum Lachen oder Kopfschütteln. Sie, so würden Sie wahrscheinlich sagen, hätten in Ihrem Garten hinterm Haus Kaffee trinken und so schlank wie die Französinnen bleiben und außerdem die Süße in Ihrem Leben behalten können. Aber das wäre mir nie in den Sinn gekommen. Und ich glaube auch nicht, dass es funktioniert hätte.

Ich hatte noch nie zuvor schwarzen Kaffee getrunken, und ich hätte ihn zuhause ja auch nie angerührt. Ich hatte bis dahin keine Vorliebe für Kaffee. Aber in Paris beschloss ich, es auf einen Versuch ankommen zu lassen. Während ich auf das wabernde schwarze Gebräu in der Tasse hinunterstarrte und das heiße, stimulierende Aroma einatmete, spürte ich, wie ich mich von innen heraus veränderte. Dann nahm ich ein vorsichtiges Schlückchen. Der Kaffee war so anders; er bewirkte, dass ich mir ebenfalls anders vorkam. Ich fühlte mich wohl lebendiger.

Manchmal braucht man einfach diesen zusätzlichen Anstoß,

damit das eigene Leben auf Touren kommt, und bei mir musste es schwarzer Kaffee in Paris sein, der das bewirkte.

Schlückchenweise trank ich und sah den Vögeln zu, die in der Herbstsonne voller Freude über dem Wasser der Seine kreisten. Ein dürres rotgoldenes Blatt schwirrte im Wind und verschwand. Ein Pärchen ging an mir vorbei, beide in tief hängenden, von breiten Ledergürteln gehaltenen Jeans und eng anliegenden Pullis über den jungen Oberkörpern. Nur an der leichten Vorwölbung ihres Busens war das Geschlecht der jungen Frau zu erkennen. Ein weiteres Pärchen ging vorbei, die Arme umeinandergelegt, beide mit unrasiertem Eintagebart. Ich zuckte nicht mit der Wimper. Der Zauber des Kaffees tat seine Wirkung. Ich konnte Dinge einer Welt sehen und akzeptieren, die sich von meiner unterschied.

Es ist schon merkwürdig, dass ich so dasitzend die Antwort auf einige meiner Fragen fand. Daheim in Indien hatte ich, trotz des äußeren Anscheins, eine emanzipierte Frau zu sein, so lange in einer erstickenden Umgebung existiert, dass ich zu glauben begonnen hatte, mehr habe es mit meinem Leben nicht auf sich. Das Heraustreten aus meinem eingesponnenen Dasein durch meine Abreise nach Frankreich war für mich ein großer Schritt nach vorne und erforderte eine Menge Mumm. Ich ging fort, weil ich unbedingt die Welt sehen musste, und weil ein Feuer in meinem Leib brannte.

Der Schluck Kaffee entfachte es nur noch weiter. Ich musste jetzt unbedingt mehr sehen, in Erfahrung bringen, wie andere Menschen lebten, den einförmigen Handlungsrahmen meines bisherigen Lebens zerbrechen. Außerdem musste ich unbedingt den Leuten sagen, wie wichtig es wäre, aus dem eigenen Garten hinterm Haus herauszutreten.

Eine wundersame Veränderung findet statt, wenn wir dem Anblick, den Lauten, der Kultur, den Gewohnheiten und dem Denken von Menschen ausgesetzt sind, die anders sind als das uns eigentümliche, wenn wir uns entschließen, unsere Flügel auszubreiten und andere Dinge zu probieren.

Erleuchtung tritt auf vielerlei Weise ein. Manchmal ist dazu bloß eine Tasse schwarzer Kaffee nötig.

Abha Iyengar

Anschauungsunterricht zu einer Tasse Kaffee

Die Arbeit geht leichter von der Hand, und Sie werden sich ohne Sorge zu Ihrem Hauptmahl niedersetzen, was Ihren Körper regenerieren und Ihnen eine ruhige, erquickliche Nacht gewähren wird.

Charles Maurice de Talleyrand-Périgord

Aus meiner Sicht markierte Kaffeetrinken die Trennlinie zwischen dem Kindsein und dem Erwachsensein. Und so hielt ich mich denn ab dem Sommer, als ich siebzehn wurde und mit dem Kaffeetrinken begann, für erwachsen. Jeden Morgen taumelte ich aus dem Bett, schenkte mir eine große Tasse aus der Kanne Kaffee, die meine Mutter gekocht hatte, ein und ließ mich von dem Aroma der dunklen, gehaltvollen Flüssigkeit wohlig wachkitzeln. Ganz egal, wie heiß es an dem jeweiligen Tag war, ich begann ihn mit einer Tasse Kaffee.

Das war eben jener Sommer, in dem ich als freiwillige Teilzeitarbeitskraft in dem Coffeeshop einer Rehaklinik arbeitete. Mein Job war es, hinter dem Tresen zu stehen und die Kaffeemaschine zu bedienen. »Das ist eine leichte Arbeit«, sagte Jeanne, die Festangestellte. »Tausche für jede neue Kanne jeweils den Filter aus, befüll' ihn mit der vorportionierten Packung Bohnenkaffee, halte die leeren Kannen auf den hinteren Herdplatten warm, und lächle die Gäste an. Das kriegst du bestens hin.« Sie hatte nur zur Hälfte Recht.

Das Kaffeemachen war einfach; die Gäste zu bedienen, erwies sich als schwieriger. An Patienten mit Krücken, Gehhilfen und künstlichen Gliedmaßen gewöhnte ich mich schnell. Aber Verbrennungspatienten, mit ihren von entzündetem Narbengewebe bedeckten Körpern, Händen oder Gesichtern, waren für mich fast nicht zu verkraften. Einer der Stammgäste hatte Verbrennungen auf der rechten Seite seines Gesichts. Wunde, gerunzelte Haut erstreckte sich von seiner Stirn bis zu seinem Unterkiefer und verzog ihm den Mund. Als Luc das erste Mal hereinkam, nachdem die Mittagessermenge abgezogen war, hatte ich mir gerade selbst eine Tasse Kaffee eingeschenkt. Bei dem Geräusch von Schritten, die sich meinem Platz näherten, blickte ich kurz auf – und sogleich noch schneller weg. Ich hantierte eifrig an Kaffeekannen herum, die keine Wartung brauchten, drehte Tassenhenkel hin und glättete Zuckerbriefchen – all dies, um es zu vermeiden, ihn direkt anzusehen.

»Kaffee«, knurrte er mit rauer Stimme. Ich nickte, füllte eine Tasse und hielt sie ihm hin – ohne seinen Blick zu erwidern. Als er die Tasse nicht nahm, schaute ich schließlich auf. Er hielt zwei bandagierte Hände hoch und schenkte mir ein schiefes Lächeln.

»Kein Problem«, murmelte ich mit heißem Gesicht.

»Setzen Sie sich. Ich bring' den Kaffee rüber.« Ich kam auf die andere Seite des Tresens herum, schnappte seinen Kaffee und folgte ihm zu einem in einer entfernten Ecke platzierten Tisch. Während ich den Kaffee vor ihn hinstellte, fragte ich mich, wie er es schaffen würde, ihn zu trinken. Er legte beide Hände um die Tasse und hob sie sehr langsam und vorsichtig an seinen Mund, ohne einen einzigen Tropfen zu verschütten. Er nahm *ein* Schlückchen, seufzte und setzte die Tasse genauso langsam und vorsichtig wieder ab. Ich ging zu meinem Platz bei den Kaffeekannen zurück und blickte gelegentlich in seine Richtung, während ich meinen eigenen Kaffee trank. Er saß etwa eine halbe Stunde da, dann ging er.

Als ich seinen Tisch abräumte, war seine Tasse noch fast voll. Luc kam jeden Nachmittag um 2 Uhr wieder. Ab der zweiten Woche konnte ich ihn dann direkt ansehen. Ab der dritten Woche konnte ich ihn anlächeln. Ab der vierten Woche spiegelte mein Lächeln eine wirklich freundliche Begrüßung wider, und wir plauderten ein wenig. Da er immer aufkreuzte, wenn es relativ ruhig war, verlegte ich dann in der fünften Woche meine Arbeitspause auf diesen Zeitpunkt. Ich brachte zwei Tassen Kaffee an den Tisch und setzte mich zu ihm hin. Zuerst redeten wir über das Wetter, die Nachrichten, belanglose Dinge. Später redeten wir über uns selbst. Gerade mal zehn Jahre älter als ich, erzählte er mir über seine Familie und seine Arbeit; allerdings sprach er nie darüber, wie er sich diese schlimmen Verbrennungen zugezogen hatte. Ich erzählte ihm von meinen Plänen, im Herbst an die Uni zu gehen, und vertraute ihm an, dass ich mir noch nicht sicher sei, was ich studieren wolle.

Seine Stimme war nach wie vor rau, aber die Verbrennungen in seinem Gesicht waren ein bisschen weniger entzündet, und die Verbände an seinen Händen waren nicht mehr so dick. Doch trotz der allmählichen Verbesserung seines Zustands trank er weiterhin immer nur *ein* Schlückchen von seinem Kaffee. Als ich ihn nach dem Grund fragte, sagte er, dass er Kaffee eigentlich nicht möge. »Aber Sie kommen jeden Tag hierher und bestellen Kaffee«, sagte ich.

Er zuckte mit den Achseln, bevor er antwortete. »Am Anfang, als ich in die Klinik kam, versteckte ich mich in meinem Zimmer. Wer würde mich ansehen wollen? Nach ein paar Wochen sagte mir der Arzt, ich müsste in den Coffeeshop gehen, das gehöre zu meiner Therapie, mich dran zu gewöhnen, dass die Leute mein Gesicht angucken.«

»Es tut mir leid«, flüsterte ich, daran zurückdenkend, wie ich selbst reagierte, als ich ihn zum ersten Mal sah.

Er tätschelte sanft meine Hand. »Wir hatten beide zuerst Schwierigkeiten. Aber jetzt geht es besser. Oder?«

Nickend blinzelte ich Tränen weg. An meinem letzten Arbeitstag kam Luc nicht herein. Ich fragte Jeanne, ob sie irgendetwas über ihn wisse.

»Ach, hab' ich vergessen«, sagte sie. »Der Arzt hat ihn heute Morgen entlassen, viel früher als erwartet. Er ist ab jetzt ein ambulanter Patient. Er kam vor ein paar Stunden herein, um sich zu verabschieden, aber ich hab' ihm gesagt, dass du nur nachmittags arbeitest.«

Enttäuscht nickte ich und kehrte zu meinem Posten zurück. Ich verbrachte meinen letzten Nachmittag damit, frische Kannen Kaffee zu kochen und Tassen zu füllen. Außerdem polierte ich sämtliche Oberflächen der Kaffeemaschine, bis sie glänzte. Hin und wieder warf ich einen flüchtigen Blick auf den leeren Tisch, erstaunt darüber, wie sehr ich Lucs Gesellschaft vermisste. Der Nachmittag zog sich hin, aber schließlich war es dann doch fünf Uhr. In einem persönlichen Schlussakt schenkte ich mir eine Tasse Kaffee ein und brachte sie zu Lucs Tisch hinüber. Dort setzte ich mich ein paar Minuten lang hin und trank ein einziges Schlückchen. Zur Vervollständigung des Rituals trug ich dann die Tasse zum Tresen zurück, goss den restlichen Kaffee aus und spülte die Tasse ab.

Wenn ich über jenen, mittlerweile gute dreißig Jahre zurückliegenden Sommer nachdenke, erinnere ich mich an den intensiven, gehaltvollen Kaffeegeruch und an Luc, den Mann mit dem verbrannten Gesicht. In *einem* wichtigen Punkt hatte ich damals allerdings Unrecht. Kaffeetrinken machte mich nicht zu einer Erwachsenen; das geschah vielmehr dadurch, dass ich lernte, hinter die Oberfläche einer fremden Haut zu sehen.

Harriet Cooper

Methoden, die Bohne zu brühen:

Der Vakuumbereiter oder Vacpot

Das Kaffeekochen mit dem Vakuumbereiter (bzw. nach dem Unterdruckprinzip) war in den Vereinigten Staaten bis zur Erfindung der automatischen Kaffeemaschine weit verbreitet, und viele halten es für das beste Verfahren, eine großartig schmeckende Kanne Kaffee zuzubereiten. Außerdem ist es faszinierend.

Diese Aufgussmethode dauert länger und kommt Ihnen möglicherweise kompliziert vor, aber sobald Sie den richtigen Dreh dabei heraushaben, ist das Verfahren einfach. Erlesene Kaffeesorten sind für die Vakuumzubereitung geeignet. Sie ergibt einen etwas dünneren Kaffee ohne den mehr oder minder feinen Kaffeesatz, der bei anderen Zubereitungsverfahren mit anfällt.

Vakuumbereiter bestehen aus zwei übereinander angeordneten kugelförmigen Glasgefäßen. Das obere enthält das Kaffeepulver und den Filter; das untere enthält das Wasser. Sie sind durch ein Steigrohr (und ein Zwischenstück) miteinander verbunden. Ein Kaffeepulver von mittlerer bis feiner Körnung funktioniert am besten, und zwar in einem Anteilsverhältnis von etwa zwei gut vollen, aber nicht gehäuften Teelöffeln pro 180 Milliliter Wasser.

Die Vakuumkanne – genauer: das untere Gefäß des Vakuumbereiters – wird auf einer Kochstelle bei mittlerer Hitze erwärmt; und durch die Erwärmung steigt das Wasser über das Steigrohr und den Filter in das obere Gefäß und vermischt sich dort mit dem Kaffeepulver. Dieser Vorgang ist nach 2 bis 3 Minuten abgeschlossen, wenn das gesamte, bis knapp unter dem Siedepunkt erhitzte Wasser ins obere Gefäß gelangt ist. Ebendann entfernt man die Kanne von der Kochstelle. Dadurch kühlt sich die Luft im unteren Gefäß ab, sodass ein Unterdruck (Vakuum) entsteht, der nun den gewonnenen Kaffee durch den Kaffeesatz und den Filter hindurch über das Saugheberrohr nach unten zurückzieht. Der Abschluss der Zubereitung kündigt sich oft durch ein Geblubber im oberen Kugelgefäß an, wenn ein paar Sekunden lang Luft durch den Kaffeesatz hindurch angesaugt wird. Nun müssen die beiden Kannenteile noch voneinander getrennt werden, damit der Kaffee aus dem unteren Glasgefäß serviert werden kann.

Normalerweise dauert der ganze Vorgang – vom Erhitzen des Wassers über die Brühphase bis zum Ende des Rücklaufs und dem Abmontieren des oberen Kannenteils – etwa eine Viertelstunde.

Mit Anerkennung serviert

Das Gewissen hält mehr Menschen wach als der Kaffee.

Verfasser unbekannt

Manche Menschen trinken nur morgens Kaffee, manche nur zu Mahlzeiten, und andere trinken den ganzen Tag lang Kaffee. Bei meiner Arbeit als Gastwirtin in unserem familieneigenen Restaurant machte ich mit allen Bekanntschaft, aber die Stammgäste darunter lernte ich auf einer sehr zwischenmenschlichen Ebene wirklich kennen.

Wer sich in unserem Restaurant eine Tasse Kaffee bestellte, bezahlte für eine einzige Tasse und konnte sich so viele Male nachschenken lassen, wie er wollte. Die Stammgast-Kaffeetrinker waren Männer, die sich jeden Tag an dem gleichen Tisch versammelten. Buck war ein Stammgast, der zu einem Angehörigen der Familie wurde. Er kam und ging den ganzen Tag über, wann immer er das dringende Bedürfnis nach einem Schuss Koffein oder einer kleinen freundschaftlichen Plauderei verspürte.

Ich sah über Bucks Bedürfnis nach einer Tasse heißen Kaffees hinaus und hörte aufmerksam zu, als er sich zu öffnen und mit mir zu reden begann. Wenn wenig Betrieb war, setzte ich mich zu ihm und genoss seine Gesellschaft. Er erinnerte mich an meinen Papa, der ebenfalls im Zweiten Weltkrieg gedient hatte, und ich ermunterte ihn, seine Erinnerungen an den Krieg mitzuteilen.

Buck sträubte sich zuerst, aber während er sich für mich erwärmte, erzählte er mir von der Landung am Omaha Beach (US-amerikanischer Name für einen französischen Küstenabschnitt bei der Landung der Alliierten 1944) und wie manche seiner Kampfgefährten es nicht einmal bis zum Strand schafften. Tränen glitzerten in seinen Augen, oder war es der Dampf aus seiner Kaffeetasse? Während er redete, füllte ich seine Tasse. Ich ermunterte, lobte ihn und hatte gewaltigen Respekt vor diesem bescheidenen Mann, der Panzer durch Dörfer geführt hatte. Eines Tages hatte er dann so viel Vertrauen zu mir, dass er mir die Angst offenbarte, die ihn gepackt hatte, als Kugeln komplett durch seinen Helm gingen. Geschichten, die er noch nie zuvor erzählt hatte, kamen an die Oberfläche, während wir beisammensaßen.

Die Filterkaffeekanne blieb ständig im Einsatz, und wie ein warmes Gespinst hüllte das Brüharoma unsere Gespräche in den Kokon einer seltenen Freundschaft. Buck war ein alter Krieger, der das Glück hatte, heimzukehren, wo doch so viele starben und andere mit dem Schuldgefühl, überlebt zu haben, nicht fertig wurden. Später konnte ich allmählich wahrnehmen, dass Buck nunmehr von wirklichem Stolz auf die Dinge erfüllt war, die ich an ihm bewunderte.

An dem Tag, an dem Buck nicht zu seinem üblichen Kaffee einkehrte, kam ein Anruf von seiner Frau, mit der Nachricht, dass Buck verstorben war. Der Stammtisch war nie wieder ganz derselbe.

Ich bin stolz, dass ich Buck meinen Freund nennen durfte, und ich fühle mich geehrt, dass mir die einfache Handlung des Füllens seiner Kaffeetasse die Möglichkeit gab, ihm meine Bewunderung zu zeigen, seine Tapferkeit zu bestätigen und ihm letztendlich eine Befreiung von seinem viel zu lange im Innern festgehaltenen Schmerz zu verschaffen.

Betty King

Die Geschmacks-knospen kitzeln

Eine unerwartete Geheimzutat

Mach' mir nichts aus Rebhühnern und Wachteln;
ihr Leckerbissen, nichts weiß ich von euch;
ich würd' es vielmehr vorziehen, auf dem höchsten Berg
in Wales in Frieden meinen Kaffee zu trinken.

Jonathan Swift

Mir surrte der Kopf vor Erwartung und Ängstlichkeit, als ich an der Tür eines stattlichen doppelstöckigen Backsteinhauses klingelte. Ein Frösteln durchlief mich, und ich verschränkte die Arme gegen die Brise, die vom Westen hereinwehte, die Luft gesättigt vom Salzwassergeruch und vom Möwengeschrei. Dies war der Moment, dem ich seit Monaten bange und zugleich aufgeregt entgegengesehen hatte. Nach meiner nunmehr fast zwei Jahre andauernden Beziehung mit einem jungen Mann namens Emmett O'Connor sollten unsere beiden Eltern endlich zum ersten Mal zusammentreffen.

Ihr verspätetes Zusammentreffen war nicht darauf zurückzuführen, dass sie gegen unsere Romanze irgendwelche Einwände hatten, sondern vielmehr auf die räumliche Entfernung. Die letzten zwei Jahre über hatte ich die Graduate School in Galway, an der Westküste Irlands, besucht.

Während meine Eltern und ich einen Moment lang an der Tür warteten, drehte ich mich um und lächelte ihnen ermutigend zu. Sie waren augenscheinlich genauso nervös wie ich, und ich betete, dass unsere Familien gut miteinander auskommen sollten.

Obwohl mir das Domizil der O'Connors fast so vertraut geworden war wie das Haus meiner Kindheit, bestaunte ich nach wie vor seine Umgebung. Um zu der kleinen Ortschaft Barna zu gelangen, waren wir aus Galway City in westlicher Richtung die Galway Bucht entlanggefahren, vorbei an neuen, in saftig-grüne Hänge eingebetteten Wohnsiedlungen. Vorstadtviertel wichen alsbald abfallenden Landschaften, die bis an die felsige Küstenlinie reichten. Das Haus von Emmetts Familie lag längsseits der Küste, wo Winterwinde es durchbeutelten und die Geräusche des Verkehrs auf der Hauptstraße oft von peitschendem Regen übertönt wurden.

Aber dies war ein herrlicher Frühlingstag; hell und kühl sowie glücklicherweise windstill. Ich klingelte nochmals. In Sekundenschnelle war Emmetts Vater an der Tür und bat uns herein. Es folgte das obligate Miteinander-Bekanntmachen. Alle waren höflich, schienen sich aber nicht sicher zu sein, wie sich die Distanz zwischen den unterschiedlichen Hintergründen und Kulturen dieser beiden Familien überbrücken ließ. Freundschaften wurden in Irland normalerweise bei Kannen

Tee aufgebaut, die nach traditionellen Ritualen sorgfältig zubereitet wurden.

Auf Besuchen bei unserer Verwandtschaft in Irland hatte meine Mutter höflich delikate Tassen starken irischen Tees akzeptiert, den sie häufig mit etlichen Löffeln Zucker süßte. Aber sie war eine Kaffeetrinkerin, und ich hatte den Verdacht, dass sie sich nach der Vertrautheit und dem Aroma einer großen Tasse guten schwarzen Kaffees sehnte. Ich war selbst noch eine passionierte Kaffeetrinkerin, als ich seinerzeit in dem Land eintraf. Und obwohl ich auch weiterhin jeden Morgen eine Tasse Kaffee genoss, hatte ich mich daran gewöhnt, in Cafés und Restaurants eine Kanne Tee zu bestellen. Meine Mitbewohnerin und ich teilten jeden Abend eine Kanne Tee miteinander, und wenn Freunde auf einen Schwatz vorbeikamen, machten wir als gemeinsames Getränk grundsätzlich immer Tee.

Und so stellte denn Emmetts Vater, während wir uns in der gemütlichen modernen Küche der O'Connors niederließen, eine Frage, die meiner Mutter schlagartig die Befangenheit zu nehmen schien. »Möchte jemand gerne eine Tasse Kaffee?« Mamas Hand schnellte in die Höhe. Im Großen und Ganzen war der in irischen Cafés und Restaurants servierte Kaffee trinkbar, aber unbeachtlich. Sowohl Mama als auch ich tranken unseren Kaffee schwarz, aber in Irland fügten wir oft Milch hinzu, einfach um dem Kaffee ein bisschen mehr Gehalt zu geben. Ich hatte auch schon in meiner Wohnung Kaffee für sie gemacht, aber der muss für ihren Geschmack ebenfalls durchschnittlich gewesen sein, da sie sich nie auf die eine oder andere Art dazu äußerte.

Von dem Spezialtrank, den ich schließlich – mit Bezug auf das Städtchen, in dem sie wohnten – als Mr O'Connors »Barna-Kaffee« bezeichnete, hatte ich schon viele Tassen getrunken. Ich wusste, dass er besser sein würde als der Kaffee, der Mama in Irland bisher untergekommen war. Sie sah zu, wie Mr O'Connor eine Tasse herunternahm und einen Plastikfilter direkt obenauf stellte. Wasser wurde in einem Wasserkocher zum Sieden gebracht und dann auf das Kaffeepulver im Filter gegossen. Der so aufgebrühte Kaffee wurde eine kurze Weile stehen gelassen, damit sich das Aroma vollständig verteilen konnte. Mr O'Connor verwendete außerdem eine Geheimzutat – eine kleine, auf das Kaffeepulver im Filter gestreute Prise Meersalz. Das Salz verstärkte das ausgeprägte, nussige Aroma, aber es bewirkte etwas noch Abstrakteres und Bedeutsameres. Meersalz brachte eine Tasse Kaffee hervor, die selbst einen Bestandteil der mystischen, romantischen Umgebung enthielt, die mir zur Heimat geworden war.

Mit dem Körnchen Salz aus dem Meer beschwor der Barna-Kaffee nicht nur die Salzluft und den salzgesättigten Wind des westlichen Irlands herauf, sondern auch das Licht- und Farbenspiel in den Bergen der Grafschaft Clare auf der anderen Seite der Bucht. Er rief die Muster hervor, die das zwischen den Bäumen in Barna Woods hindurchströmende Sonnenlicht auf uralten Eichenstämmen schuf. Er brachte die kalten, grauen Tage in Erinnerung, wo ich den Pferden zusah, die in dem Feld weiter unten an der Straße grasten. Ich wusste, dass meine Mama schon nach einem einzigen Schlückchen genauso gefangengenommen war, wie ich es war – nicht bloß vom

Barna-Kaffee, sondern von all seinen Zutaten, sowohl den natürlichen als auch den magischen.

»Tut mir leid, Mary«, sagte sie. »Der Kaffee, den du mir immer machst, ist prima. Aber das ist der beste Kaffee, den ich je getrunken habe.«

Der einfache Akt des gemeinsamen Trinkens einer vollmundigen Tasse Kaffee ermöglichte es meinen Eltern und Emmetts Eltern, auch auf anderen Gebieten zueinanderzufinden, und sie verbrachten den Rest des Nachmittags in ungezwungenem Geplauder. Und von da an ging unser Ehrentitel »Bester Kaffee der Welt« nicht an einen gehaltvollen italienischen Espresso oder einen deftigen französischen Koffeinhammer, sondern an eine Tasse Kaffee, zubereitet mit dem elementarsten unter den ortsspezifischen Ingredienzien und serviert in einem anspruchslosen Haus längsseits der windgepeitschten irischen Küste.

Mary Caffrey Knapke

»Ich hab' keine Angst, dass Kaffee mich die ganze Nacht über wach halten wird. Dafür sorgen ja schon meine Kreditkartenprobleme.«

Traueranzeige

Mister Coffee (Modell # 05 321), langjähriger Einwohner von Soldotna, starb an unbekannten Ursachen am Donnerstag, dem 18. Mai 2006, was seine Familie friedlich verschlief.

Mister Coffee wurde 1990 in China hergestellt und von Cleveland, Ohio, aus vertrieben. Von dort reiste er nach Juneau, Alaska, wo er von der Michels-Familie über ein örtliches Einzelhandelsgeschäft käuflich erworben wurde. Am 15. Juni 1990 begann Mister Coffee seinen Lebenszeitberuf als Haushaltsvorstand – Kaffeezubereiter der Sonderklasse.

1995 begleitete Mister Coffee die Michels-Familie zur Kenai-Halbinsel. Die Familie erinnert sich liebevoll daran, dass Mister Coffee durchschnittlich zwei Kannen Kaffee pro Tag lieferte und im Lauf seines Lebens über elftausendneunhundertundfünfzig Tassen perfekten Kaffees produziert hat.

Ausgestattet mit einer hübschen, auslaufsicheren Glaskanne in einem Isoliermantel aus Nirostastahl, ließ Mister Coffee nie auch nur eine einzige Tasse Kaffee anbrennen. Die Familie stellte fest, dass Mister Coffee seine einjährige Garantiezeit heroisch überschritt und treu seine Pflichten erfüllte, ohne einen wie auch immer gearteten Service zu benötigen.

Zu seinen Lebzeiten hat Mister Coffees isolierte Glaskanne viele feine Ladungen Kaffee transportiert und ausgeschenkt. Mister Coffees gläserne Kameradin hat die Familie zu zahlreichen Sportveranstaltungen begleitet sowie überdies viele tolle Erlebnisse und sehenswerte Reiserouten im ganzen Staat Alaska, den unteren Bundesstaaten und Teilen Kanadas mitgemacht.

Mister Coffee wird überlebt von einem halbautomatischen (professionellen) Modell aus der Mister-Coffee-FT-Produktserie, von seiner Familie und von langjährigen Bekannten: dem Waschmaschine-und-Trockner-Paar von Kenmore, Mr Kirby (dem Staubsauger) sowie zahlreichen Küchentresengefährten und Gerätegenossen und seiner häuslichen Partnerin, La Petite Espresso Machine.

Vor Mister Coffees Hinscheiden segneten bereits ein $19.95-Norelco-Slice-O'Matic-Tischbrotschneider, ein 1975er avocadogrüner Geschirrspüler, zwei Schnurlostelefone und ein No-Name-Küchenmixer das Zeitliche.

Mister Coffees Wunsch gemäß wird am 15. Juni 2006 morgens um 5.30 Uhr auf dem Wohnsitz der Michels eine Feier seiner Langlebigkeit abgehalten. Sein Kaffeesatz wird auf den Komposthaufen der Familie gestreut werden und seine letzte Kanne Kaffee wird zum Sieden gebracht und ausgegossen werden, als ein Brandopfer an die Espressogöttin »Caffinedra«.

Familienangehörige und Freunde sind zur Teilnahme herzlich eingeladen, sofern sie Donuts, Pappbecher und Zutaten mitbringen.

Die Familie erbittet anstelle von Blumen eine große Tüte Biokaffeebohnen und eine Thermoskanne.

Spenden werden gerne entgegengenommen im »Heim für vertriebene Kaffeemaschinen« oder in einer Reparaturwerkstatt Ihrer Wahl.

Jacqueline J. Michels

Eine Tasse Weihnachten

Es ist die Pflicht aller Papas und Mamas, ihren Kindern zu verbieten, Kaffee zu trinken, es sei denn, sie wollen kleine ausgetrocknete Maschinen bekommen, die mit zwanzig verkümmert und alt sind.

Jean Anthelme Brillat-Savarin

Meine Mama ist eine Kaffeetrinkerin. Ich sage das so, wie jemand einen anderen Menschen etwa als »hochgewachsen« oder als »Marathonläufer« bezeichnen könnte. Es ist eine unbestreitbare Tatsache. Das Kaffeetrinken begann sie erstmals als Kind mit ungefähr neun oder zehn – eine gute Sache, da Kaffee doch das Wachstum hemmen soll und sie ja schließlich 1.75 m groß wurde.

Als passionierte Kaffeetrinkerin nimmt meine Mama es mit ihrem Gebräu besonders genau. Kein Instantkaffee. Nicht die aromatisierten Spielarten, die ich gern bevorzuge. Einfach nur richtiger, normaler Kaffee. Und das Erlebnis des Kaffeetrinkens ist entscheidend für ihr Wohlgefühl. Im Lauf der Jahre haben sich einige Regeln herausgebildet, die wir sorgsam befolgen.

Der Kaffee muss in unabhängigen Coffee Houses gekauft werden, nicht in Geschäften, die zu einer Ladenkette gehören – und nur dann, wenn ein Imbiss, eine Bäcker- und Konditorei oder ein Café nicht zur Verfügung steht. Es spielt durchaus eine Rolle, worin der Kaffee serviert wird – in einer Tasse aus Keramik oder Glas, die einiges Gewicht mitbringt, in etwas, das sich angenehm in die darumgelegten Handflächen schmiegt. Styropor ist eindeutig out. Die Option auf eine kostenlose zweite Tasse hat absolut Bedeutung. In der Tat, zu den sich am längsten hinziehenden Wartemomenten meiner Kindheit zählten die Stunden zwischen dem Zeitpunkt, wo ich mit dem Hinunterkippen meiner Schokoladenmilch fertig war, und dem Punkt, wo meine Mama langsam die letzten Tropfen ihrer zweiten Tasse Kaffee schlürfte.

Genetik ist schon etwas Komisches. Mein Vater und mein Bruder trinken Kaffee, und ich sollte das von Rechts wegen auch tun, vor allem, wenn man bedenkt, wie viel Zeit ich bei der Vorbereitung auf die Besuche meiner Mama damit verbringe, Lokale für Kaffee auszukundschaften. Kaffee ist halt einfach nicht mein Ding, oder zumindest war er das früher nicht. Aber dann, in einem Weihnachtsurlaub, als ich in den Zwanzigern war, landeten meine Mama und ich nach einem Einkaufsnachmittag mehr oder minder unwillkürlich in einem Coffee House.

»Was möchtest du?«

»Wie bitte?«

»Du musst dir was bestellen.«

Das war eine neue Regel: Trink nicht alleine Kaffee.

Ich spitzte den Mund und studierte die Karte. Tee ist in Restaurants furchtbar teuer und normalerweise, nach meinen einschlägigen negativen Erfahrungen, viel zu heiß, um ihn tatsächlich trinken zu können. Bei Apfelsaft und heißer Schokolade komme ich mir wie ein kleines Kind vor. Und dann sah ich die Feiertagsspezialitäten – Kaffees mit Pfefferminz-, Kürbiskuchen-, Lebkuchen- oder Zimtaroma, gekrönt von einem Häubchen Schlagsahne und Schokoladenstreuseln. Flüssige Weihnachten.

Wie heiß ist heiß genug?

Die beste Wassertemperatur für Kaffee liegt bei etwa 96°C.

Kälteres Wasser löst die ätherischen Öle aus den Bohnen nur unzureichend heraus, und heißeres Wasser macht den Kaffee säurehaltiger.

»Einen Lebkuchen-Latte?«

Meine Mama nickte. »Mach zwei draus.«

Wir holten uns unser Getränk und ließen uns an einem winzigen Tisch nieder. Wir befanden uns beide ein bisschen außerhalb unseres sicheren Terrains in Sachen Kaffee: Meine Mama hatte noch nie etwas derartig Süßes, obendrein in einem Pappbecher, getrunken; und ich, na ja, es war schließlich Kaffee.

Ich nahm ein vorsichtiges Schlückchen.

Meine Mama nahm ein vorsichtiges Schlückchen.

Und dann geschah etwas Überraschendes.

»Das ist gut«, erklärte meine Mama.

»Es ist echt gut!«

Im nächsten Jahr fanden wir uns während der Weihnachtsferien in demselben Coffeeshop ein. Und im Jahr darauf ebenfalls. Es ist eine neue Regel, wie Sie sehen. Mütter und Töchter müssen während der Feiertage mindestens einmal Lebkuchen-Latte miteinander trinken. Ausnahmen sind unzulässig.

Michelle Mach

Salute! LeChaim! Banzai! Auf das Leben!

Bemängle nicht meinen Kaffee.
Eines Tages bist vielleicht auch du alt und schwach.

Verfasser unbekannt

Earl liebt Kaffee. Wenn er in einen Raum hereinkommt, hat sein ganzes Wesen etwas von einem kräftigen kolumbianischen Kaffee. Wir lernten uns vor über zwanzig Jahren in einem Tai-Chi-Kurs kennen und sind seitdem befreundet. Kaffee schlürft er hingebungsvoll, so wie ein Säugling an seiner Flasche nuckelt. Koffein hat keine negativen Auswirkungen auf seine Persönlichkeit oder sein Benehmen; er ist ausgeglichen und hat, dank einer fast übermäßig toleranten Einstellung, grundsätzlich die Ruhe weg. Er lächelt zwar ständig, hebt allerdings seinen Ernst für die großen Schlachten auf, die ausgetragen werden müssen.

Earl besucht fast täglich den örtlichen Coffeeshop, wo er mit Freunden und Kollegen das aktuelle Zeitgeschehen und philosophische Fragen erörtert. Earl weiß, dass auch ich eine Kaffeeliebhaberin bin, und wenn ihm grade danach zumute ist, lädt er mich ein, rumzuhängen, um einfach nur zu reden. Ich wusste, dass irgendetwas los war, als er mich eines Tages anrief; seine Stimme hatte nicht den normalen, fröhlichen Tonfall. Es war ein Anflug von Besorgnis herauszuhören, während er sprach.

Man hatte bei Earl vor kurzem Prostatakrebs festgestellt, und er wurde radiologisch behandelt. Ich bin selbst eine Krebsüberlebende. Earl hat ein Prostatakarzinom; ich habe ein Ovarialkarzinom. Er und ich unterhalten uns über unsere Krebsstrategien. Wir planen und legen genau fest, wie wir das Leben gewinnen und den Krebs bekämpfen wollen. Wir richten uns gegenseitig mit dem bloßen Verlangen nach Leben auf. Unsere Chemotherapien werden über dem Yin und Yang unserer Tassen Kaffee erörtert; hellcreme mit viel Zucker der meine, schwarz der seine. Wir beide haben die Einstellung, dass wir den Sieg erringen werden. Earl sagt, er wolle noch fünfzehn weitere Jahre leben; damit wäre er dann vierundneunzig. Ich sage ihm immer, dass er ein Hundertjähriger werden wird, und dass ich ihm helfen werde, seine 100 Kerzen auszublasen, weil ich da ja eine Achtzigjährige werde. Aber wir wissen beide: Das Voranrücken um jeweils einen Tag ist es, was uns durchbringen wird. Wir witzeln darüber, dass Kaffee uns umbringen könnte, und lachen dann, weil uns wieder einfällt, dass wir uns, wenn es der Krebs schon nicht getan hat, wegen des Kaffees keine Sorgen zu machen brauchen.

Earl und ich verlassen das Coffee House in friedvoller, aber auch gehobener Stimmung in der Gewissheit, dass mit unserer Welt alles in Ordnung ist. Wir wissen, dass wir nicht ganz allein Kriege zu verhindern, dem Hunger ein Ende zu machen und Seuchen auszurotten vermögen, aber wir können unsere Absichten darauf ausrichten, dass dieser positive Prozess beginnt, da unsere Gedanken reale Gegebenheiten sind, die auf das Universum einwirken. Und vor allem wissen wir, dass sein Beginn davon abhängt, dass wir zuerst mit uns selbst im Reinen sind. In der Zwischenzeit können wir inniges Wohlwollen und viel Liebe an das Universum senden.

Ich trinke Earl mit meiner Tasse zu. Auf das Leben – und auf viele weitere, noch lange, lange Zeit folgende lehrreiche Stunden bei einer feinen, dampfenden Tasse heißen Kaffees!

Dolores Kozielski

Keine zwei Tassen sind gleich

In den meisten Haushalten gilt eine Tasse Kaffee als das zur Frühstückszeit einzig Erforderliche.

Janet McKenzie Hill

Jerry und ich kennen einander seit nunmehr vierzig Jahren. Wir teilen den Wohnbereich und genießen unsere gemeinsame Zeit, aber wir schätzen beide die Freiheit – unserer je eigenen Suche nachzugehen. Unsere getrennt aufgewachsenen Kinder brauchen uns nicht sehr, da sie alle wunderbar selbstständig sind. Obwohl wir im Ruhestand sind, arbeiten wir gern stundenweise, jeder getrennt für sich, und treffen uns da und dort zum Essen, oder in den Coffeeshops der Stadt.

Jerry und ich lieben beide Kaffee. Jeder von uns hat eine eigene Lieblingstasse: die seine aus seinem anderen Leben mit seiner ihm dreißig Jahre angetrauten Frau, und die meine aus meinem früheren Leben mit meinem mir zweiundzwanzig Jahre angetrauten Mann. Jerrys Tasse ist klein, aus weißem

Porzellan gefertigt, so eine Art veredelte Tasse, fünfeckig geformt. Meine Tasse ist niedriger und breiter, mit senkrecht verlaufenden welligen Streifen, braunen, rostfarbenen und weißen – wirklich Steinzeug eben. Diese Tassen ähneln uns selbst. Jerry ist korrekter und traditioneller als ich. Ich bin rustikaler und lässiger als er. Jerrys Tasse hat angeschlagene Ecken am Rand und am Boden. Meine ist von vielfachen winzigen Rissen durchzogen, die wie ein Gewirr winziger Straßen auf einem Stadtplan aussehen, aber angeschlagene Ecken sind keine vorhanden.

Kürzlich hat mir eine Freundin gesagt, ich solle Jerrys Tasse »verschwinden« lassen, um ihn vor einer Bleivergiftung zu bewahren, da die Glasur doch abgenutzt sei. Aber er hängt so daran, dass ich mir nicht sicher bin, was das für Folgen hätte – auch unausgesprochene. Lieber das Gift. Unsere Wandschränkchen sind angefüllt mit zusammenpassenden Tassen, aber wenn unsere aus vergangenen Zeiten stammenden Lieblingstassen verfügbar, das heißt, sauber sind und im Schrankfach stehen, entscheiden wir uns für sie.

Warum klammern wir uns denn eigentlich an diese letzten Spuren unseres früheren Lebens? Ich kann nur annehmen, dass die Tassen die Jahre und nicht den jeweiligen früheren Ehepartner symbolisieren. Jerrys Frau hatte Wutanfälle – warf seine Kleider aus dem Fenster, sperrte ihn aus dem Haus aus und wechselte die Schlösser an den Türen aus, zum Beispiel. Mein Mann verbrachte unsere Hochzeitstage gewöhnlich in einem anderen Land, wo er den Geburtstag seiner Mutter feierte, wiederum zum Beispiel.

In der Tat, als Jerry und ich einander wiederfanden, bewunderten wir einen in bunt bedruckte Kattunflicken eingewickelten Teddybären in einem Laden. Wir kauften den verwundeten Bären. »Das sind wir«, sagten wir. Und seitdem ist der Teddybär das Symbol für unsere Zuneigung zueinander. Ich habe mir das Kaffeetrinken während der Krankenschwesterausbildung Ende der Fünfziger- und Anfang der Sechzigerjahre angewöhnt, den Jahren, wo ich Jerrys Bekanntschaft machte, der im Grady Hospital in Atlanta ein medizinisches Praktikum für sein Medizinstudium absolvierte.

Meine Mitbewohnerinnen und ich tranken Kaffee aus niedrigen, breiten Gläsern, um zum Lernen wach zu bleiben, bis das der Zunge früher widerwärtige Gebräu gut zu schmecken begann. Niemand von uns besaß eine Kaffeetasse – die meisten von uns waren arm, sonst hätten wir irgendwo ein richtiges College besucht – und die Klinik stellte keine zur Verfügung; daher musste man nach dem Einschenken des Kaffees warten, bis er etwas abgekühlt war, bevor man den Glasbecher in der Hand halten konnte. Ich sehe diesen aromatischen Kaffee, mit einem ordentlichen Schuss Vollmilch drin, noch vor mir – wie die Dampfkringel von ihm aufsteigen und er darauf wartet, getrunken zu werden. Jene Wassergläser ohne Henkel sind die anderen »Kaffeetassen«, an die ich mich liebevoll erinnere.

Vor ungefähr einer Woche, zu jener Zeit, als ich gerade diesen Beitrag verfasste, fiel mir unerklärlicherweise beim Ausräumen des Geschirrspülers meine dreiunddreißig Jahre alte Lieblingstasse aus den Fingern, runter auf den Steinfußboden in der Küche und zersprang in Stücke. Ist das ein Zeichen?

Werde ich mich nach einer neuen umsehen? Dieses Steingutgeschirrmuster ist immer noch erhältlich. Ich sah es noch vor ein paar Jahren in einem Geschäft. Aber nein – vielleicht zerbricht ja demnächst Jerrys Tasse, und ich gehe dann Glastassen kaufen – ein Zweierset, mit Henkeln –, stelle sie auf das Küchenbord und schaue, was passiert.

Ellen Hunter Ulken

Wie viel ist genug?

Der Geschmack des Kaffees ist eine individuelle Sache. Wie viel Kaffeepulver Sie verwenden, ist eine der vielen Entscheidungen, vor denen Sie beim Zubereiten einer Kanne stehen.

Wenn Sie Ihre Sorte bereits kennen, brauchen Sie nicht lang zu überlegen, aber wenn Sie etwas Neues probieren, sind die Frische der Bohne, die Kaffeesorte, die Korngröße der Mahlung und die von Ihnen gewählte Brühmethode allesamt ausschlaggebend dafür, wie viel Kaffeepulver Sie letztendlich verwenden.

Im Allgemeinen kann man sich freilich an die folgenden Richtlinien halten. Eine standardmäßige Tasse Kaffee entspricht demnach einer Menge von 180 Millilitern. Verwenden Sie für jeweils 180 ml 1 – 2 Teelöffel frisch gemahlenen Kaffee. Wenn Sie die Kaffeebohnen nicht selbst (und unmittelbar vor der Kaffeezubereitung) mahlen, wird der Kaffee wahrscheinlich weniger aromatisch; aber ein Erhöhen des Kaffeeanteils ergibt keinen aromatischeren Kaffee, sondern führt nur zu einem kräftigeren, saureren Geschmack.

Arigato!

*Das Tempo, die Komplexität, die Spannungen
des modernen Lebens erfordern etwas,
das das Wunder der Stimulierung der
Gehirntätigkeit vollbringen kann.*

Margaret Meagher

Das Betreten eines Starbucks im japanischen Kanazawa versetzte mir einen ganz schönen Schock. Emotional, meine ich. Das Coffee House sah so anders aus als jedes beliebige, in dem ich in den Staaten gewesen war. Aber warum brauchten mein Mann und ich denn überhaupt ein Starbucks? Wir waren doch hier, in dieser exotischen, vom Zweiten Weltkrieg verschont gebliebenen Burgstadt.

Wir brauchten Kaffee – darum! Nach Tagen pausenlosen Nieselregens waren unsere Regenschirme Erweiterungen unserer Körper geworden. Overseas Adventure Travel holte aus unserer kleinen Gruppe unter der Leitung von Ms Junko Ito, einer erfahrenen ortsansässigen Fremdenführerin, erfreulicherweise das Letzte heraus.

An unserem ersten Vormittag in Kanazawa wanderten wir die steingepflasterten Straßen des historischen Nagamachi-Viertels entlang, wo sich die bis heute fast im Originalzustand erhaltenen Wohnsitze der Samurai befinden. Es lief mir kalt über den Rücken, als ich die Holzgitterfenster sah. Dahinter saßen seinerzeit die Wachen der Samurai, die Schwerter schlagbereit, und spähten hinaus, ungesehen, aber selbst in der Lage, alle, die vorbeigingen oder sich dem Haustor näherten, genau in Augenschein zu nehmen.

Als Nächstes besichtigten wir den Kenroku-en, der zu den drei märchenhaftesten Gärten in ganz Japan zählt. Wir schlenderten unter den 12 000 Bäumen, über bezaubernde Brücken und neben stillen Teichen, die von einheimischen Gärtnern gepflegt wurden. Deren Spiegelbilder erschienen auf der glatten Wasserfläche, während sie behutsam Unkraut jäteten und Sträucher und Zweige zurückschnitten.

Mein Gang wurde langsam schleppend. Meine Beine wogen jeweils hundert Pfund. Waren wir drei Kilometer gewandert oder schon an die zwanzig Kilometer? In einem exquisiten Teehaus inmitten der Gartenanlagen wurden wir mit einer feierlichen, traditionellen Teezeremonie beehrt. Das winzige Mürbteiggebäck schmeckte köstlich; es verwöhnte meinen Gaumen wie Marzipan, meine Lieblingssüßigkeit. Aber der grüne Tee begegnete meiner Zunge mit einer irgendwie zähflüssigen und etwas sonderbaren Textur. Wo war mein Kaffee? Nicht da, natürlich. Oje! Voller Schrecken dachte ich an das umfangreiche Programm. Wie wollte ich denn noch weitere acht Stunden voller Schreine, Kunsthandwerkszentren und Märkte bewältigen? Von buddhistischen Tempeln ganz zu schweigen: Schuhe aus, Schuhe an, Schuhe aus, Schuhe an.

Junko, stets verständnisvoll und feinfühlig für unsere Bedürfnisse, sagte eine Nachmittagspause an, während der wir tun könnten, was immer wir wollten. Wie Brieftauben steuerten Larry und ich zu dem Starbucks nahe bei unserem Hotel, im Musashimachi-Einkaufszentrum. Was genau alarmierte mich beim Eintreten? Jeder Coffeeshop, den ich in den Vereinigten Staaten je besuchte, hat ein und dieselbe Nachricht signalisiert: Das hier ist eine zweckdienliche, kommerzielle Einrichtung, in der Sie für Ihre Bestellung bezahlen, ein Weilchen bleiben und dann weggehen, um für andere Kunden Platz zu machen. Fehlanzeige bei diesem Starbucks.

Es war so frappierend nichtkommerziell! Es bestand aus zwei Räumen. Der erste mutete beim Hereinkommen wie ein behagliches, mit Sofas und dick gepolsterten Sesseln übermöbliertes Wohnzimmer an. Der Raum schien für Studierende eingerichtet zu sein, die in ernstem Schweigen dasaßen, während sie über Kollegheften, Lehrbüchern oder womöglich Romanen brüteten. Niemand blickte auf, als wir eintraten. Alle waren augenscheinlich ganz auf ihre Arbeit konzentriert. Man hatte den Eindruck, als ob sie schon seit Stunden da wären und vorhätten, mindestens noch ein paar weitere zu bleiben. Sie schienen geradezu in die sie umgebende Polsterung hineinzuwachsen. Alle tranken etwas oder aßen vor sich hin. Einige der Tassen und Teller waren leer, aber kein Filialleiter deutete irgendwem durch penetrantes Herumstehen an, dass es Zeit sei, noch etwas zu bestellen oder aber zu gehen.

Der zweite, viel größere Raum – der zentrale Bereich des Cafés – enthielt keine Couchen oder Polstersessel. Es gab natürlich den Tresen zum Bestellen und charakteristische kleine, runde Tische. Aber in der Mitte stand ein langer Tisch aus poliertem Holz mit zwei Lampen darauf: Messinglampen mit grünen Plastikschirmen. Ein Studiertisch! Wie unglaublich aufmerksam von der Geschäftsleitung. Ein Mädchen kauerte über seinem Kollegheft und schrieb energisch mathematische Problemaufgaben. Auf der anderen Seite des Tischs blätterte ein junger Mann mit einem Textmarker in der Hand Seiten eines dicken Wälzers durch.

Bohnen-Duftprofile

Arabicas haben eine große Vielfalt an Aromen vorzuweisen. Vor der Röstung hat der Geruch einer Hand voll Arabicabohnen eine an Heidelbeeren erinnernde Duftnote. Diese fruchtige Eigenschaft setzt sich nach der Röstung voll um, sodass die gerösteten Bohnen einen süßen Geruch annehmen. Mehr als siebzig Prozent der Weltkaffeeproduktion entfallen auf die Arabica-Art.

Robustas tendieren vor der Röstung zu einem nussigen, an Getreide erinnernden Geruch, ähnlich dem von Erdnüssen oder Hafer. In den meisten Fällen riechen geröstete Robustabohnen angebrannt, auch bei korrekter Röstung. Manche sagen, sie röchen in etwa so wie angebrannter Gummi oder Kunststoff.

Merkwürdigerweise sahen wir in dem ganzen Café keinen einzigen Laptopcomputer. Vielleicht sind sie für junge Leute in Japan zu teuer. Oder vielleicht zu sperrig zum Herumtragen.

Ich war von diesem bemerkenswerten Schauplatz derart fasziniert, dass ich fast vergaß, wozu ich hergekommen war –

auf einen dekadenten Mokka mit weißer Schokolade. Mein tugendhafter Mann bestellte koffeinfreien Kaffee. Die Tische waren so klein, dass Larry und ich bis zu den Knien hinauf »fü-ßelten«, während wir unsere Getränke genossen. Wir blieben noch lang, nachdem wir ausgetrunken hatten, und sonnten uns in der einheimischen Athmosphäre.

Kulturell gesehen messen die Japaner der Bildung ihrer Kinder hohe Priorität bei. Diese Wertsetzung bekundete sich in diesem speziellen Coffee House durch die den jungen Studierenden de facto erwiesene freundliche Güte klar und deutlich. In dieser Zeit der Nettoprofite und Bilanzen fand ich die japanische Einstellung sowohl berührend als auch erfrischend. Hierfür sage ich: *Arigato*! Danke!

Rosemary Mild

Warum ist eigentlich … Kaffee legal? (Aber klar bin ich froh, dass er es ist!)

Hätte ich genügend Kaffee, so könnte ich die Welt beherrschen.

Verfasser unbekannt

Immer wenn ich einen koffeinierten Nirvanazustand erreiche, höre ich auf, darüber nachzudenken, wieso denn etwas, das mich schlagartig beruhigt und munter macht, legal sein kann. Die bloße Vorstellung, der Gesundheitsminister könnte jene magischen Bohnen aus den Ladenregalen und aus meinem Leben verbannen, lässt mich auf das Anlegen eines Vorratsdepots von solchen Dimensionen hinplanen, dass nicht einmal die riesige Ladenkette Costco es beschaffen könnte. Ich habe die Befürchtung, dass schon allein diese Gedanken mich, jedenfalls ansatzweise, zu einem lehrbuchmäßigen Junkie machen. Das ist besonders offenkundig, wenn ich eingestehe, bereits von meinem nächsten Schuss zu fantasieren, ehe noch der, den ich gerade genieße, ausgetrunken oder kalt geworden ist. Aber bevor Sie nun eine Krisenintervention koordinieren gehen – geben Sie doch bitte zu, dass es Vorteile hat, Zeit mit einer erwachsenen Frau zu verbringen, die einem so köstlich harmlosen Laster frönt.

Mein Mann erkennt die Vorteile so eindeutig, dass ich befürchte, ich könnte vielleicht demnächst mit den in meinem Arm steckenden Schläuchen einer Starbucks Hausmischung IV aufwachen – bei seinem Versuch, meine morgendliche Metamorphose zu beschleunigen. Vorläufig, ohne die Beihilfe einer langsamen Tropfinfusion zum Schnellstart meines Tages, hat er allerdings eine mürrische und derangierte Frau am Hals, die auf das Drängen zweier nervig verspielter Rangen hin aus dem Bett stolpert. Bevor ich noch überhaupt klar sehen kann, sind unsere Mädchen dabei, ihre Jazzpants anzuziehen und zur *Pure Disco* Sampler-CD zu tanzen. Zu dieser Stunde hört sich die Musik aus meiner Jugend viel eher wie weißes Rauschen an. Die Schauspielerin in mir tut ihr Allermöglichstes, sich von den schwerfälligen Jetés der beiden beeindrucken zu lassen, während ich jene erste Tasse des Tages hinunterstürze.

Innerhalb von Minuten … jawohl! Mami ist wieder in Aktion. Ich bin so weit, das Frühstück zu machen, Lunchpakete zu richten und, nach einem ungewöhnlich guten Nachtschlaf und einer Tasse besonders dunklen Kaffees, sogar ein paar Tanzbewegungen mit den Mädchen aufs Parkett zu legen. Diese euphorische Zeitspanne nach meiner ersten Tasse bezeichne ich als »SK« (Selig Koffeiniert). Erst dann bekomme ich wieder einen klaren Kopf, und ein Hoffnungsgefühl kehrt zu meiner normalerweise fröhlichen und optimistischen Persona zurück.

Das, meine Freunde, ist die vergnüglichste und doch auch gefährlichste Tageszeit. Wissen Sie, der Tag ist neu, und das Koffein pumpt durch und bringt den Pep zurück in dieses Spice Girl. Oh, was ich heute alles vollbringen werde!

Ich weiß, dass meine Sucht sich verschlimmert, denn dasselbe Stimmungshoch, das ich früher von *einer* Tasse Kaffee bekam, stellt sich jetzt durch zwei ein. Unter uns gesagt: Wenn ich echt in einer handfesten Nachmittagslethargie drinhänge, reize ich mit einer dritten Tasse alles aus. Wobei ich mir sehr wohl bewusst bin, dass ich Gefahr laufe, mich in eine teufelsartige Raserei zu versetzen, angesichts derer sich jeder im Umkreis von drei Häusern wünschen wird, er hätte einen Keller, der ihn gegen die Nachwirkungen abschirmt. Ich bin klug genug, um einzusehen, dass der physische Kick, den der Kaffee mir verschafft, zu schön ist, um gesund zu sein, aber ich bin angefixt genug, um nichts daran zu ändern. Mich tröstet und bestätigt mein Zusammengehörigkeitsgefühl mit den mindestens neun ebenso süchtigen Individuen, die wie ich für ihren knappen halben Liter Wachmacher Schlange stehen.

Während ich ungeduldig mit dem Fuß wippend warte, bis ich an der Reihe bin, habe ich nur eine einzige Befürchtung: dass einer der Angestellten mich mit der Betitelung »Normalmenge« aussondert und meine übliche Bestellung ans Ende der Bar schiebt. Erst dann werde ich zugeben, dass ich zu weit gegangen bin und mich betrübt zu Schritt zwei im Entwöhnungsprogramm schleichen – der erste Schritt war das Eingeständnis meiner Sucht. Aber bis ich mich auf einem reservierten Sitzplatz an der Kaffeetheke direkt neben einer allwissenden Postbotin hocken sehe oder dieser hinterhältige Gesundheitsminister meinen Konsum für illegal erachtet, werde ich mit dem Koffeinieren fortfahren.

Meine Argumentation ist einerseits eigennütziges Vergnügen und andererseits Dienst an der Öffentlichkeit. Denn so, wie ich das sehe, zählen mindestens vierundachtzig Personen, einschließlich meiner Familie, meiner Freunde und den nichts ahnenden Fremden, denen ich mit allen fünf Fingern zuwinke, während ich sie auf der Autobahn einfädeln lasse, darauf, dass ich voller Leben und Energie bin. Und bei einer Investition von doch nur drei Dollar werde ich sie so schnell nicht enttäuschen.

Shana McLean Moore

Eis ist heiß

Die Entdeckung des Kaffees hat das Reich der Illusionen erweitert und der Hoffnung größere Verheißung verliehen.

Isidore Bourdon

Eiskaffee im Sommer zu trinken, ist ein Vergnügen. Eiskaffee das ganze Jahr über zu trinken – und vor allem, wenn der Winter recht kalt wird –, ist eine Sache der Hingebung, der bindenden Verpflichtung.

»Bist du sicher, dass du ihn mit Eis willst, Herzchen?«, fragt kopfschüttelnd die Frau hinter der Theke in meinem unabhängigen Lieblingscoffeeshop. »Es ist heute schrecklich kalt draußen.« Ich weiß, dass sie es gut meint, also lächle ich, bedanke mich für ihre Besorgnis und wiederhole meine Bestellung. Dezidiert. »Einen Eismokka, bitte.«

Dieser Wortwechsel ist bei mir Routine geworden. Freilich bestelle ich den ganzen heißen Sommer hindurch Eiskaffee, Eislattes, Eismochaccinos und alle möglichen Arten von Gebräuen mit Eiszusatz, aber ich trinke sie auch im Herbst, im

Frühling und an den bitterkältesten Wintertagen. Eismokkas haben einfach etwas Dekadentes und zugleich harmlos Anmutendes an sich – wenn man da um knapp 8 Uhr morgens etwas schlürft, das wie ein Milchshake aussieht und sich auch so anfühlt. Einen dampfend heißen »Herbst«-Latte mit Kürbis-Aroma können Sie nicht durch einen Strohhalm schlürfen, oder Sie kriegen Stückchen von geschmolzenem Kunststoff in Ihr Getränk. Eisgetränke sind prima transportabel, man verschüttet sie nicht leicht und verbrennt sich nie die Finger daran. Und der Eiszusatz verstärkt offenbar die Süße der Schokolade und sonstiger Aromen. Selbst ein außergewöhnlich starker, bitterer Kaffee taugt für ein gutes Eiskaffeegetränk, wenn dieses richtig zubereitet wird.

Aber mit der ersten frischen Herbstkühle findet im Coffeeshop eine grundlegende Veränderung statt. Obwohl es laut Kalender offiziell noch Sommer ist, deuten die Zeichen darauf hin, dass der Herbst gewaltig im Anmarsch ist. Genoppte Pullover winken aus Schaufensterauslagen. Kinder starren verzweifelt Schulbedarfsartikel an, die jetzt in den Regalen des örtlichen Schreibwarenladens aufgereiht sind. Und, was mir unverständlich ist: Manche Lokale streichen Eiskaffee von ihrer Speisekarte. Erfreulicherweise stehe ich mit meiner Besessenheit für ganzjährigen Eiskaffee nicht allein da. Anscheinend ist das ein internationales Phänomen.

Auf einer noch nicht lange zurückliegenden Japanreise stellte ich zu meiner Freude fest, dass selbst im Land der aufgehenden die kleinsten Kaffeetheken Eislatte verkauften und die allgegenwärtigen Automaten kleine handliche Dosen abgaben, wobei in der Dose vielfach Zucker und Kaffee bereits hinzugefügt waren.

Eine in Italien lebende Freundin schwört auf die Shakerato-Technik: In einem Martinishaker schüttelt sie frische Eiswürfel zusammen mit einem doppelten Espresso und Zucker schaumig; dann seiht sie das Kaltgetränk in ein Glas ab. Und süßer, starker Eiskaffee auf vietnamesische Art, der mit gezuckerter Kondensmilch und dunkel geröstetem Bohnenkaffee, unter einer Zugabe von Zichorienmehl, zubereitet wird, ist eine weitere Möglichkeit, sich einen Schuss zu verschaffen.

Es sieht so aus, als ob alle ihre eigenen Tricks zum Kreieren des perfekten Eiskaffeegebräus hätten. Ich kenne jemanden, der auf zu Eiswürfeln gefrorenen Kaffee schwört – weil der dann beim Schmelzen nicht das ideale Mengenverhältnis von Milch und Kaffee verwässert. Jemand anders findet, die Zugabe von zwei gehäuften Teelöffeln Instant-Espressopulver zu besonders starkem Kaffee ergebe das beste Gebräu. Und ein Dritter wiederum empfiehlt Kaffeesirup für die optimale Zubereitung eines süffigen, süßen Eisgetränks.

Prioritäten

Für den Durchschnittskaffeetrinker sind im Allgemeinen frisch gemahlene Bohnen, saubere Zubereitungsutensilien und Wasser von guter Qualität wichtiger als die Güteklasse der verwendeten Bohnen oder die seit ihrer Röstung verstrichene Zeit.

Vielleicht liegt ja der Grund, weshalb Eiskaffeefanatiker so eigen sind, darin, dass kalter Kaffee, im Unterschied zu heißem Kaffee, der alle möglichen Mängel unter seinem verführerischen Aroma verbergen kann, die Bandbreite der Kaffeegeschmacksnoten – einschließlich der bitteren und des langweiligen Gefrierfachbeigeschmacks – voll hervorkehrt.

Ich stelle selbst ganz bestimmte Anforderungen an meinen täglichen Eismokka: Er sollte nicht mit körnig zerriebener Schokolade, sondern mit Schokoladensirup zubereitet werden; und es ist ganz entscheidend, in welcher Reihenfolge man die Ingredienzien mischt. Gießen Sie kalte Milch über Eiswürfel in ein Glas. Schütten Sie in einer gesonderten Tasse heißen, frischen Espresso mit Schokoladensirup zusammen, und rühren Sie diesen Mix dann in die Milch und das Eis ein. Gießt man den heißen Espresso über pure Eiswürfel, so ergibt das am Ende bloß wässerigen Espresso ohne Eis. Gießt man die Schokolade zu spät, nachdem das Getränk bereits abgekühlt ist, hinein, so verklumpt sie und vermischt sich nicht.

Ich hebe mein Glas Eismokka mit den klickernden Eiswürfeln, der Trinkhalm im fürs Schlürfen akkuraten Fünfundvierzig-Grad-Winkel, und bewundere das Getränk darin – ein Regenbogen satter Brauntöne, oben heller, am Boden durch abgesunkene Schokolade ins Dunklere spielend. Das ist ein perfektes Sommergetränk natürlich, aber auch erfrischend im Winter, Frühling und, jawohl, im Herbst.

»Deinen Üblichen?«, fragt die Frau hinter der Theke im örtlichen Coffeeshop, nur ein paar Tage, nachdem sie zu meiner Eismokkabestellung bei kaltem Wetter ungläubig den Kopf schüttelte. »Einen Skim Mo, zum Mitnehmen!«, ruft sie zu dem jungen spitzbärtigen Mann am Ende des Tresens hinüber. Diese Worte – die Abkürzung für Eskimo Mocha – sind wirklich Musik in meinen Ohren.

Kara Newman

»Bring die Kanne lieber wieder hier rüber, Mama,
Papa liegt noch ein paar Tassen zurück.«

Duftende Erinnerungen

Kaffee ist, den Frauen Dänemarks zufolge, für den Körper,
was das Wort des Herrn für die Seele ist.

Isak Dinesen alias *Karen Blixen*

Für die meisten Leute dreht sich beim Kaffee alles um den Geschmack. Die Vorlieben reichen von leicht, mild und fein bis zu vollmundig, markant und kräftig. Auf mich trifft das nicht zu. Für mich dreht sich alles ums Aroma. Ja tatsächlich: In dem Moment, wo das reiche Aroma gerösteter Kaffeebohnen sich in der Luft ausbreitet oder der berauschende Duft gerade aufgebrühten Kaffees den Raum erfüllt, …

… bin ich wieder sechs Jahre alt und spähe in das formelle Speisezimmer, wo Tanten, Onkel, Eltern und Großeltern es sich nach dem Sonntagsmahl wohl sein lassen. Turmhoch mit italienischem Gebäck beladene Teller werden weitergereicht, während die Erwachsenen frisch gebrühten Kaffee aus zerbrechlichen Porzellantassen mit Goldrand und handgemaltem Blumendekor trinken.

… bin ich dreizehn Jahre alt und trinke zusammen mit meiner Mutter und einer Nachbarin mein erstes Schlückchen Kaffee aus einer gelben Tupperware-Tasse. Mehr Milch als Kaffee; dennoch ist es eine Ehre, am Tisch bei den Erwachsenen mit einbezogen zu sein.

... bin ich sechzehn und trinke eine Tasse Instantkaffee – nicht bloß ein Schlückchen oder zwei – zusammen mit Freundinnen, fühle mich ziemlich unsicher, will aber unbedingt beweisen, dass ich dazugehöre.

... bin ich achtzehn und feiere in einem eleganten Restaurant mit meiner Familie mein Abitur... Das aufwändige Dessert wird mit einer dampfenden Tasse Kaffee abgerundet – eine sehr »erwachsene« Art, diesen bedeutsamen Tag zu beenden.

... bin ich neunzehn und konsumiere Unmengen an koffeinhaltigem Kaffee, in dem verzweifelten Bemühen, spätabendliche Studiersitzungen und frühmorgendliche Seminare durchzustehen.

... bin ich zwanzig und teile Hochzeitstorte und Kaffee mit 130 unserer engsten Freunde und den Familienangehörigen. Umfangen von der Glut ihrer guten Wünsche, schwelge ich in dem Traum von einem Glücklich-und-zufrieden-bis-ans-Lebensende mit dem Mann meiner Träume.

... bin ich dreißig und schnappe mir einen Styroporbecher vom Kaffeewagen im Büro, gehöre zum Team, klimme die Stufen des Managements empor, begeistert davon, wie ich meine Karriere vorantreibe.

... bin ich achtundvierzig und treffe mich mit Freundinnen in einem Coffee House, wo ich angestrengt versuche, den

Unterschied zwischen einem Caffè Latte und einem Cappuccino herauszufinden. Die Luft ist erfüllt von aromatischer Verheißung und freudiger Erwartung. Das Leben ist gut.

Gehaltvoller, dampfender, langsam gerösteter, frisch gebrühter Kaffee – ich kann die Erinnerungen riechen!

Ava Pennington

Eine generationsübergreifende Liebesbeziehung

Die beste Lebensregel, die ich kenne, ist,
seinen Kaffee zu trinken, wann immer es einem möglich ist,
und wenn es nicht möglich ist,
auch ohne ihn ruhig und gelassen zu sein.

Jonathan Swift

Es war Ende der 1940er, als ich an einem recht frischen Sommermorgen im nördlichen Minnesota in der Küche meiner Großmutter kauerte. Wärmewellen breiteten sich von dem holzbefeuerten Küchenherd aus. Der grau gesprenkelte emaillierte Kaffeekocher blubberte fröhlich. Meine Großmutter, mit ihrer angeschlagenen Kaffeetasse immer in unmittelbarer Reichweite, briet, umnebelt von köstlichen Bauernhausgerüchen, Schinkenspeck und Eier. Carl, mein Stiefgroßvater, stapfte nach dem Melken der Kühe in die Küche herein. Der Geruch warmen Heus und frischen Taus stieg aus seiner Kleidung auf, als er sich über die Küchenspüle beugte, um sich die

Hände zu waschen und Wasser ins Gesicht und auf den Nacken zu spritzen.

Ich habe einmal gelesen, an nichts könne man sich besser erinnern als an Geruch. Als Erwachsene hole ich diese spezielle Erinnerung an meine Großeltern zurück, während ich mich an einem stürmischen Sonntagmorgen am Kamin mit einer dampfenden Tasse Kaffee bei der Lektüre der *New York Times* entspanne. Aber es ist mehr als nur eine Erinnerung – es sind die Gefühle und Empfindungen, die ich für zwei ganz besondere Menschen hege.

Ich erinnere mich an die Warmherzigkeit. Ich denke jetzt an meine Großmutter, wie sie, das weiße Haar zu einem Knoten zurückgebunden, in einem ihrer geblümten Hauskleider, die meine Mama jeden Sommer nähte, wenn wir bei ihr zu Besuch waren, mit einer Tasse heißen Kaffees am Tisch sitzt. Wie sie da die Freundin anlächelte, die auf einen Sprung vorbeigekommen war; die Hände auf den Tisch legte, sich einen Schubs gab und langsam aufstand, mit den Worten: »Ich hol' dir eine Tasse Kaffee.«

Ein wöchentliches Ereignis während meines Sommerbesuchs war ein Ausflug in die Stadt, zur Wahrnehmung des Arzttermins meiner Großmutter. Da gab es für mich jedes Mal ein besonderes Vergnügen, wenn ich mir im Drugstore eine Tasse mit Untertasse aussuchen durfte, bevor wir zur ärztlichen Kontrolle ihrer Herzprobleme und ihres Asthmas die Treppe hochstiegen. Diese Sammlung steht jetzt in meinem Geschirrschrank. Das ebenholzschwarze Set mit Goldrand mochte ich am liebsten, aber meine Töchter favorisierten andere. Sie stellten die Sets auf dem Esszimmertisch auf und veranstalteten Kaffeekränzchen mit ihren Puppen. Diese Tassen werden sie eines Tages von mir erben.

In meiner Kinderzeit in Silver Spring, Maryland, gehörte ein warmes Frühstück gleichfalls zu unserer täglichen Routine, aber das war nicht dasselbe. Der holzbefeuerte Küchenherd und meine Großeltern fehlten. Ich versteckte mein Rührei unter meiner Serviette und stürmte, sobald ich entwischen konnte, fort zur Bushaltestelle, um ein paar Extraminuten mit Freundinnen zu ergattern. Mein Papa war auch in Eile – die Ohren gespitzt auf das Hupsignal eines Bekannten, mit dem er in einer Fahrgemeinschaft fuhr. Für gewöhnlich goss er seinen Kaffee zum Abkühlen in seine Untertasse. Dann nahm er die Untertasse mit beiden Händen auf, um schlückchenweise den Kaffee zu trinken, wobei sein linker und sein rechter dicker kleiner Finger korrekt nach oben ragten.

»Mein Papa sagte immer«, so sein Kommentar, »dass es okay ist, Kaffee aus einer Untertasse zu trinken, sofern man den kleinen Finger nach oben streckt.« Solchermaßen wurde ich in der Etikette des Kaffee-aus-der-Untertasse-Schlürfens unterwiesen.

Aber jetzt trinke ich Kaffee aus Tassen. Diese Angewohnheit mit Tassen und Untertassen gehört in eine andere Welt, eine andere Lebensepoche. Ich sitze bei meinem Kaffee, wärme mir die um eine Tasse gelegten Hände und beuge mich nach vorn, aufmerksam den Schmerz- und Wutergüssen einer guten Freundin zugewandt. Ich greife nach der leeren Tasse und fülle sie erneut. Ich entsinne mich anderer Momente, wo eine andere Freundin meine zerbrochenen Hoffnungen wieder aufrichtet. Wir sitzen an ihrem Küchentisch, Tassen in der Hand, und starren den Wald hinter ihrem Haus an. Neue Keime werden gepflanzt. Ein Kardinalfink hebt die Flügel – sie hebt die Tasse in einem Toast auf mich.

Ich habe jetzt meine Enkelkinder in die Kaffeegemeinde aufgenommen. Sie haben das Kaffeekochen gelernt. Vor nicht allzu langer Zeit stellten sie sich noch auf Stühle, jetzt setzen sie ihre Füße auf den Boden. Vor nicht allzu langer Zeit hielt ich ihnen die Hände ruhig, während sie die Kaffeebohnen in die Mühle löffelten, jetzt machen sie das selbst. Als Zweijährige trug ich sie auf dem Arm, wobei sie sich die Ohren zuhielten, während ich den Hebel an der Kaffeemühle drückte. Aber das Leben flitzt vorwärts. Nach einer Übernachtung bei meinem neunjährigen Enkel Jack gehe ich auf den Geruch von Kaffee hin die Treppe runter. Er reicht mir eine Tasse Kaffee, den er zubereitet hat. Wir setzen uns hin, um zu plaudern. Da entsteht eine neue Generation von Kaffee-Erinnerungen.

Dr. phil. Elizabeth H. Phillips-Hershey

Kein besonders bitteres Gebräu

In geringen Ausmaßen fügt die immer vorhandene Bitterkeit des Kaffees eine Geschmacksdimension hinzu und trägt zur Neutralisierung der Säure bei. Die Röstung, der Mineralstoffgehalt des Wassers, die Wassertemperatur, die Brühzeit, die Korngröße und die Brühmethode wirken sich allesamt auf die Bitterkeit Ihres Kaffees aus.

Mittlere Röstungen enthalten weniger lösliche Feststoffe, haben einen höheren Säuregehalt und ein stärkeres Aroma – alles Faktoren, die die wahrgenommene Bitterkeit verringern.

Gefiltertes Wasser wird zur Zubereitung guten Kaffees bevorzugt. Das Filtern verbessert den Geschmack und Geruch des Wassers und entfernt einige Verunreinigungen.

Geben Sie zu Ihrem gemahlenen Kaffee vor dem Brühen ein Quäntchen Natriumchlorid (Salz), Saccharose (Zucker oder Vanilleextrakt) oder Zitronensäure (Orangenschale) hinzu, um die Wahrnehmung von Bitterkeit zu verringern. Manche Leute schwören auf ausgespülte Eierschalen.

Kaffee, der nach der Fermentierung vierundzwanzig Stunden lang in frischem Wasser geschwemmt wird – ein als »Nassaufbereitung« bekanntes, bei Erzeugern in Kenia weit verbreitetes Verfahren –, ist weniger bitter als trocken aufbereiteter Kaffee.

Verglichen mit dem Resultat anderer Brühmethoden ist der mit einem Handfilter oder mit einer Filterkaffeemaschine zubereitete Kaffee weniger bitter und enthält einen geringeren Anteil an löslichen Feststoffen.

Je feiner die Mahlung, desto bitterer der Geschmack. Vor allem aber ist entscheidend, dass die Korngröße und die Brühmethode zusammenstimmen. Sollte also Ihr Kaffee bitter sein, dann korrigieren Sie nicht die Mahlung – probieren sie vielmehr eine andere Brühmethode.

Die Wahrheit in Sachen Kaffee

Schokolade, Männer, Kaffee –
manche Dinge sollten besser kräftig sein.

Verfasser unbekannt

»Danke, Trisha. Das Essen war grooßartig«, schnurrte mein Mann unserer Schwägerin zu. Mike und ich waren von Milwaukee heruntergefahren, um ein paar Tage bei meinem Bruder Jim in Illinois zu verbringen.

Jetzt war es Zeit für unseren gewohnten Spaziergang, den Fluss entlang durch ihre schöne Stadt Naperville. Es war einer jener idealen Winterabende, an denen man lediglich eine leichte Jacke und einen Schal benötigte. Die Luft war frisch, und ein leichter Schneefall hielt unseren Fußpfad hell, auf dem wir dem Lauf des Flusses fast eine Stunde lang folgten.

»Wir sollten uns besser auf den Rückweg machen«, warnte Jim. »Wir wollen nicht, dass ihr alten Käuze irgendwelche Ausreden vorbringt, von wegen zu müde, um beim Scrabble zu gewinnen.« Und so drehten wir denn nachhause ab, um uns unseren tradierten familiären Buchstabenspiel-Kniffelaufgaben zu widmen.

Zuhause angekommen, begaben wir uns alle instinktiv zum offenen Kamin im Familienzimmer. Jetzt war ich mit dem Schnurren dran: »Ach, das ist sooo schön und kuschelig. Ich glaube, ich bin für Spiele schon zu müde.«

»Ich bin auch ganz schön müde«, stimmte Mike bei.

»Ich geb's nur ungern zu, aber mir geht's genauso«, gestand Jim. »Dieser Spaziergang hat uns wohl alle geschafft.«

»Also, wie wär's, wenn ich eine Kanne Kaffee aufsetze, die uns munter macht?«, schlug Trisha vor.

»Das wirkt garantiert«, pflichteten wir alle bei, während wir uns an den Küchentisch begaben.

»Erinnert ihr euch, wie wir auf der Uni für Prüfungen büffelten und die ganze Nacht Kaffee hinunterstürzten, um wach zu bleiben?«, fragte Mike.

»Ja«, bestätigten wir unisono.

»Und bei dem Lehrerstreik, als wir in der Streikpostenkette waren und es Stein und Bein fror«, sagte ich, mich zurückerinnernd, »hat uns der heiße Kaffee durch einige ziemlich schwierige Tage gebracht.«

»Wisst ihr noch – damals, als Papa nach seinem Herzanfall im Krankenhaus war?«, erinnerte Jim uns. »Die Stunden, die wir im Aufenthaltsraum verbrachten – und schlückchenweise Kaffee tranken und uns gegenseitig trösteten? Der war wie die beste Droge der Welt.«

»Und wie oft wir am Heiligen Abend fast die ganze Nacht

aufblieben und uns unterhielten und Kaffee tranken, nachdem wir die Kids alle ins Bett gekriegt hatten?«, fragte Trisha.

»Na ja, hoffen wir, dass er heute Abend wirkt, weil ich nämlich euch junges Gemüse wirklich im Scrabble schlagen will!«, ließ ich vom Stapel.

Trisha schenkte den Kaffee ein, und als wir das kräftige Aroma einatmeten, ertönte rings um den Tisch ein fast einmütiges »Mmmm«. Nach ein paar Schlückchen kamen wir alle in Schwung. »Das wirkt!«, sagte Mike. »Ich fühl' mich schon besser.«

»Ich mich auch«, stimmte ich ein.

»Japp«, sagte Jim, »dann los mit den Spielen!«

Wir genossen unsere Zeit miteinander. Und es hatte den Anschein, dass wir immer lebendiger wurden vor Lachen, je mehr Kaffee wir tranken. Nach dem zweiten Spiel legten wir eine Pause ein, damit Trisha eine frische Kanne machen konnte.

»Dieser Kaffee hat wieder mal seinen Zweck erfüllt«, rief ich aus, meine Tasse Kaffee hochhaltend.

»Du hast Recht. Das Koffein wirkt«, pflichtete Jim bei.

»Ich fühl' mich jetzt hellwach«, sagte Mike.

Im nächsten Moment hörten wir Trisha in der Speisekammer kichern. Es war ein ansteckendes Geräusch, das uns kitzelte. »Was ist denn so lustig, Trisha?«, riefen wir ihr zu. Sie trat wieder in die Küche heraus. Noch immer sich vor Lachen schüttelnd, hielt sie die Dose mit dem Kaffeepulver hoch und deutete auf die Beschriftung: ENTKOFFEINIERT. »Ehrlich«, sagte sie, »das wusste ich nicht.«

Nach einigen wirklich heftigen Lachsalven wurde uns klar, dass die Macht der Suggestion eine gewaltige Kraft ist. Und am Ende befanden wir, dass es eigentlich nicht das Koffein war, was uns die ganzen Jahre hindurch weitermachen ließ, wenn wir einen Auftrieb brauchten. Es war die Kameradschaft – die Nähe der Familienangehörigen und Freunde, die uns durch solche Zeiten hindurchhalf. Aber wir alle räumten ein, dass es nicht dasselbe gewesen wäre ohne jene schmackhaften Schlückchen Kaffee, die uns aufwärmten, das Gespräch ankurbelten und uns etwas gaben, an dem wir uns zum Vergnügen oder zum Trost festhalten konnten. Wie ein guter Freund war der Kaffee immer da, wenn man ihn brauchte – manchmal mit Koffein, manchmal ohne!

Kay Conner Pliszka

Berührt von einem Kaffee liebenden Engel

Hinter jeder erfolgreichen Frau steckt eine beträchtliche Menge Kaffee.

Stefanie Piro

Es standen im Coffeeshop keine Kunden an, als ich mit fuchtelnden Armen und dem Ausruf: »Ich brauche eine Tasse Haselnusskaffee zum Mitnehmen, bitte!«, zur Theke hinstürmte. Die Frau hinter der Kasse war mir unbekannt, jemand Neues, und meine hektischen Ausbrüche ganz offensichtlich nicht gewohnt. Die Hände in die Hüften gestemmt, konterte sie: »Verlangen Sie Ihren Kaffee immer so?«

Verlegen brachte ich vor: »Nein, nicht immer, aber ich komme zu spät zur Arbeit, und ich kann ohne meinen Haselnusskaffee nicht leben!« Schnell nach ihrem Namensschildchen schielend, fügte ich noch: »Danke, Linda« hinzu.

Während sie meinen Kaffee einschenkte, betrachtete ich die langstieligen rosa Rosen in der Kristallvase auf der Theke.

»Ist heute Ihr Geburtstag?«, fragte ich.

Sie drehte sich um und flüsterte: »Nein, es ist Mammografietag!« Sie sah den verblüfften Ausdruck in meinem Gesicht und beugte sich näher heran. »An dem Tag meiner Mammografie bin ich immer nervös, deshalb schickt mein Mann mir Blumen. Ich bin ein paar Mal mit knapper Not davongekommen, drum wird es jedes Jahr schwerer.«

»Wie aufmerksam von Ihrem Mann. Was für ein Juwel.«

Linda streckte die Hand mit meiner Tasse Kaffee aus, während ich damit herausplatzte: »Ich hab' noch nie eine Mammografie machen lassen, und bei meiner Mama hat man vor fünf Jahren Brustkrebs festgestellt.«

Schlagartig funkelte mich Linda an und blaffte: »Sie bekommen das erst, wenn Sie eine Mammografie machen lassen, und dabei bleibt es!«

Ich war schockiert. Ich dachte, sie mache Spaß, bis ich den Dampf aufsteigen sah, und beileibe nicht vom Kaffee. Linda weigerte sich, mich zu bedienen, und ich ging fort, wobei ich mir schwor, nie wiederzukommen. Kaffeelos und belämmert fuhr ich zur Arbeit mit hämmernden Kopfschmerzen. Den ganzen Tag konnte ich den emotionsgeladenen Ausbruch im Coffeeshop nicht abschütteln. Auf der Heimfahrt und später an jenem Abend auf dem Laufband im Fitnessstudio verfolgten mich Lindas Worte. Ich war vierzig Jahre alt und in der besten Form meines Lebens, aber ich wusste, dass es töricht war, das Vorkommen von Brustkrebs in der Familienanamnese auf die leichte Schulter zu nehmen.

An jenem Abend führte ich nach dem Duschen, sicherlich

weil mein Zusammenstoß mit Linda mich immer noch akut bedrängte, eine seltene Selbstuntersuchung der Brust durch. Meine Hand erstarrte. Nein, das kann nicht sein, dachte ich, während meine Finger über dem haselnussgroßen Knoten innehielten. In Panik versetzt schnellte ich auf dem Bett hoch, in dem mein Mann nach zwanzigjähriger Ehe friedlich schnarchte: »Wach bitte auf, Schatz. Ich hab' einen Knoten entdeckt. Ich glaube, ich hab' Brustkrebs.«

Mark, nahezu immun gegen meine hypochondrischen Neigungen und nur halb bei Bewusstsein, war nicht sonderlich erfreut. »Na aber sicher, Liebling. Und jetzt schlaf wieder ein.« Mich packte blankes Entsetzen. Ich versuchte, mir die Vorfälle des Tages zu erklären: Linda im Coffeeshop, der Kaffee, den ich nicht bekam, die Mammografie, die ich hätte vereinbaren sollen, und jetzt der Knoten. Aus reiner Erschöpfung sank ich in Schlaf und wurde dann erst von einem an meiner linken Wange klebenden Zettel wach, auf dem ich mich irgendwann frühmorgens umgedreht hatte. Darauf stand: »Bin laufen gegangen. Der Kaffee ist aufgesetzt. Ruf den Arzt an. Alles Liebe, Mark!«

Ich tappte in meinen rosa Häschen-Hausschuhen die Treppe hinunter und rief unseren Hausarzt an. Er versicherte mir, ich würde da überreagieren, ordnete aber, nur für alle Fälle, eine Mammografie für den kommenden Montag an.

Am Tag meiner Mammografie traf mich Mark in der Klinik. Als ich aufgerufen wurde, wäre ich am liebsten zurück zum Parkplatz gelaufen. Stattdessen folgte ich brav der jungen medizinisch-technischen Assistentin. Der Geruch von Kaffee im

Schwesternzimmer wehte durch die Luft und beruhigte mich. Das würde schon nicht so schlimm werden. Aber der Gesichtsausdruck der Assistentin redete eine andere Sprache. Sie versuchte, ihre Besorgtheit zu verbergen, aber ich konnte spüren, dass sie jedes Mal angespannter wurde, wenn sie auf Anordnung des Radiologen wegen einer weiteren Aufnahme hereinkam. Schließlich verkündete sie: »Der Radiologe möchte noch eine Sonografie bei Ihnen machen.« Während ich in der Dunkelheit dalag, wurde mir klar, dass das was Ernstes war. Die Assistentin sagte: »Sie können sich wieder anziehen; der Radiologe möchte mit Ihnen sprechen.«

Am 21. März 1996 hörte ich die Worte: »Sie haben Brustkrebs.« Ich stand unter Schock, während ich mich durch die Operation, die Nachbehandlung und schließlich die Bestrahlung kämpfte. Aber die ganze Zeit hindurch wurde ich das Gefühl nicht los, dass Linda aus dem Coffeeshop mir das Leben gerettet hatte. Wäre ich an jenem Tag keinen Kaffee holen gegangen und Linda nicht da gewesen, um mich (nicht) zu bedienen – wer weiß, was dann passiert wäre.

Drei Monate nach meiner Operation kam ich zurück, um mich bei Linda zu bedanken. Ich stellte mich hinten an, bis der letzte Kunde bedient war, und fragte dann: »Erinnern Sie sich an mich?« Nach kurzem Zögern sagte Linda: »Oh, ja! Haben Sie Ihre Mammografie machen lassen?«

Ich kämpfte beim Sprechen gegen Tränen an. »Ja, hab' ich. Genau genommen glaube ich, dass Sie mir das Leben gerettet haben!« Linda blickte mich verwundert an. Ich erzählte ihr die Ereignisse, die seit jenem schicksalhaften Tag im März passiert waren. Linda hörte aufmerksam zu, und dann traten ihr Tränen in die Augen. Ich griff in meine Handtasche und reichte ihr eine Engelsbrosche, die mir eine Freundin unmittelbar vor meiner Operation geschenkt hatte. Ich hatte sie seitdem jeden Tag getragen, und nun war ich an der Reihe, sie weiterzugeben. Ich beugte mich über die Granitabdeckung der Theke und befestigte sie an Lindas rosa-weißem Kragen. Sie berührte die Engelsflügel und sagte: »Ich bin so dankbar, dass es Ihnen so gut geht. Oh, und übrigens schulde ich Ihnen eine Tasse Kaffee. Sie werden's nicht glauben, was heute unser Tagesgetränk ist – Frangelico-Haselnusskaffee.«

Da standen wir im Coffeeshop mit unseren mit Kaffee gefüllten Pappbechern und tranken auf mein neues Leben. Lächelnd fragte Linda: »Also, wie schmeckt er denn nun?«

Ich lächelte verschmitzt, das Aroma auskostend und voll wahrer Freude am Wohlgeschmack des Lebens: »Engelhaft. Es ist absolut engelhaft.«

Connie K. Pombo

Mamas Kaffeekanne

Mütter sind jene wunderbaren Menschen,
die es fertigbringen, morgens noch
vor dem Geruch von Kaffee aufzustehen.

Verfasser unbekannt

Meine Mutter liebte einfach Kaffee. Sie trank ihn von frühmorgens bis spätabends – und konnte nachts dennoch gut und fest schlafen; aber nicht etwa deswegen, weil sie gegen das Koffein immun war, sondern weil sie ihren Kaffee an dem jeweiligen Tag mit allen möglichen Nachbarn, Durchreisenden, Familienangehörigen und neuen Bekannten geteilt hatte, bis sie müde, aber zufrieden ins Bett fiel. In unserer Küchenspüle wartete grundsätzlich irgendwelches Geschirr noch auf den Abwasch. Und kaum war es gespült, stand auch schon Nachschub drin. Erst am Ende des Tages war unsere weiße Küchenspüle, für jedermann sichtbar, von liebevoll gebrauchten Tassen und Tellern blitzsauber frei geräumt.

Zu Anfang ihres Ehelebens gewöhnte sich Mama daran, ihren Kaffee stark zu trinken, notwendigerweise. Und aus der

Not wurde dann eine Gepflogenheit. Sie setzte eine frische Kanne auf, das Telefon klingelte, und alsbald war sie in ein Gespräch mit jemandem vertieft, der eine Fahrgelegenheit zum Arzt oder Hilfe bei einer unbezahlten Rechnung brauchte oder einfach nur jemand Verständnisvolles, mit dem er in jenem Moment reden konnte. Während sie am Telefon hing, lief unentwegt der Kaffee durch. Da wir glaubten, er sei fertig, schalteten wir die Herdplatte aus, bevor Mamas Unterhaltung zu Ende war. Sie legte dann auf, kam in unsere Küche und sagte: »Wer hat den Kaffee abgestellt? Der muss noch ein bisschen länger durchlaufen.« Dann schaltete sie die Herdplatte wieder ein, bis das Getränk dickflüssig und gehaltvoll war.

Ihr Kaffee war eine aufbauende Erquickung für viele, und sein wärmendes Aroma erfüllte den ganzen Tag lang unser Zuhause. Erst als ich erwachsen und selbst eine beschäftigte vierfache Mutter war, begriff ich, wie gut meiner Mama das Trinken dieses köstlichen Kaffees tat. Endlich wurde mir klar, dass Kaffee sie jeden Tag in Schwung hielt. Ganz gleich, wie viel sie gerade zu tun hatte – wenn jemand anklopfte, der in einer Notlage war, ging sie schleunigst zur Tür hinüber, bat den- oder diejenige herein und lud sie oder ihn ein zu einer Tasse ihres wunderbar aromatischen Gebräus, einem Donut oder einem Toast mit Marmelade und oftmals zu einer kompletten Mahlzeit, die sie in Windeseile – wenigen Minuten, wie es schien – zaubern konnte.

Während er oder sie über eine brisante Situation sprach, hörte ich Mama meistens sagen: »Jetzt entspann dich erst mal und lass dir dein Essen und deinen Kaffee schmecken, und dann werden wir dieses Problem schon lösen.« Und genau das schaffte sie irgendwie immer. Es schien nie ein Problem zu geben, das meine Mutter nicht in den Griff bekommen konnte. An ihrem Küchentisch wurden neue Gesetzesvorschläge zum Schutze älterer Menschen ausformuliert. Sie legte sie dem Bürgermeisteramt vor, und oft gingen sie durch. Wacklige Ehen wurden wieder zusammengefügt. Pläne wurden geschmiedet, um ein krankes Tier zum Tierarzt zu bringen. Bei ihrer Tasse Kaffee unterschrieb sie Militärpapiere und schickte sie an die zuständige Kommandobehörde. Ihr Zweck? Unsere verwitwete Nachbarin auf der anderen Straßenseite war sehr krank und lebte allein. Jene Papiere brachten die Kommandobehörde dazu, ihren Sohn aus dem Militärdienst zu entlassen, damit er für seine Mutter sorgen konnte; nur wenige Wochen später war er daheim.

Meine Mama ist nunmehr verstorben, aber sie ist immer noch hautnah in meinem Herzen. Jedes Mal, wenn ich in meiner eigenen Küche Kaffee beim Brühvorgang rieche, erinnere ich mich an ihre leise vor sich hinbrodelnde Kaffeekanne und sehe sie umhereilen, sich der Bedürfnisse eines jeden annehmend außer ihrer eigenen. Für meine Mutter war eine dampfend heiße Tasse Kaffee mehr als bloß etwas zum Trinken. Sie war ihr Mittel, anderen warmherzige, liebevolle Labsal zu verschaffen.

Kay Presto

Lebenszyklus einer Tasse Kaffee im Leben einer Mutter

Flitterwochen: Ehemann stellt eine dampfende Tasse Kaffee als deinen Wecker auf den Nachttisch…

Schwangerschaft: Der Geruch von frisch aufgebrühtem Kaffee lässt dich Hals über Kopf zur nächsten Toilette losstürzen.

Neugeborenes: Kaffee und Stillen unvereinbar; kämpfst gegen den Schlaf an, indem du an Kaffeebohnen schnupperst.

Säuglingsalter: Frische Kanne heißes Wasser. Hast vergessen, das Kaffeepulver in den Filter zu tun oder vergessen, ihn einzusetzen.

Krabbelalter: Keine Milch? Kein Problem. Gibst ein, zwei Spritzer Babymilchnahrung aus der Flasche in die Kaffeetasse.

Gerade laufen gelernt: Mehrere, strategisch an hoch gelegenen Stellen im Haus und drumherum deponierte Tassen Kaffee.

Schulzeit: Erwägst, eine Minikaffeemaschine im Auto zu installieren, während du unaufhörlich die Chauffeurin spielst. Starbucks-Becher liegen über den Kleinbusboden verstreut. Sie stammen von deinen Kids. Du hast nicht die Zeit (oder das Geld), zu Starbucks zu gehen.

Collegezeit: Kaffeemaschine verschwindet ständig und taucht ebenso regelmäßig in Studentenwohnheimzimmern wieder auf. Du hast so viele neue Kaffeemaschinen angeschafft, wie du Kinder hast.

Deine Kinder aus dem Haus: Du trinkst deine Tasse Kaffee aus, solange sie noch heiß ist, die erste in fast zwanzig Jahren.

Goldene Jahre: Ehemann stellt eine dampfende Tasse Kaffee auf deinen Nachttisch. Ihr schlaft beide wieder ein.

Christa Allan

Entspannende Rendezvous

Der schönste Teil des Aufwachens

Kein Kaffee kann wirklich munden,
der nicht zuerst ein süßes Duftopfer
an die Nase schickt.

Henry Ward Beecher

Ich war nie eine Kaffeetrinkerin – außer natürlich, wenn man das Schlückchen mitrechnet, das ich im Alter von fünf Jahren stibitzte. Vor Kurzem für alt genug befunden, eine Isoliertasse mit Papas Lieblingsgebräu vollzuschenken und sie ihm zu bringen, zögerte ich in der Küche. Mir seine detaillierten Anweisungen vergegenwärtigend, rührte ich einen gehäuften Teelöffel Zucker ein, gefolgt von einem Schwupp dickflüssiger Sahne. Und ich kannte das genaue Maß eines Schwupps, weil ich Papa unzählige Male dabei zugesehen hatte: wie er einen Spritzer Sahne hinzufügte, bevor er einatmend die Tasse zwischen seinen von der Arbeit rauen Handflächen leicht hin und her drehte. Er ließ es so begehrenswert aussehen. Jedoch – »Kaffee ist nichts für kleine Mädchen«, sagte er immer, wenn ich drum bettelte, auch welchen trinken zu dürfen. »Davon kriegst du Haare auf der Brust.«

Den dampfenden Kaffee zwischen beiden pummeligen Händen ruhig waagrecht haltend, begab ich mich zentimeterweise aus dem Raum und passte auf, dass ich nichts verschüttete. Feine Schwaden von wohlriechendem Kaffee fächelten meine Nase. Von dem milchig-süßen Duft verlockt, tat ich es wirklich – ich nahm schnell einen kleinen Schluck.

Heute erinnere ich mich deutlicher an die leichte Verbrühung als an den Geschmack – der bestimmt von dem Brennen auf meiner Zunge überdeckt wurde.

Trotzdem kann ich dem Geruch von Kaffee noch immer nicht widerstehen. Mich erinnert er stark an zuhause; er schreibt sich P-a-p-a.

Mutter stand an den Wochentagen früh auf, nur um die Kanne fertig gebrüht zu haben, bis Paps sich für die Arbeit angezogen und rasiert hatte. An jedem Morgen meiner Kindheit erwachte ich bei dem verheißungsvollen Brodeln und Duft. In späteren Jahren kaufte mein technikbegeisterter Vater die erste auf den Markt gebrachte Kaffeemaschine mit Zeitautomatik. Danach wechselten meine Eltern sich mit dem Einstellen des Brühdurchlaufs ab, sodass auch sie bei dem Duft erwachten.

Auf unseren jährlichen Sommercampingreisen in die Rocky Mountains war Papa der Frühaufsteher. In der frischen Dämmerung vor Tagesanbruch ließ er seine Armmuskeln spielen und hackte Holz, wobei er die Splitter als Anzündmaterial beiseite tat. Bald loderte ein Feuer in der runden, von Steinen eingefassten Herdgrube, während an ihrem Rand eine verrußte Kaffeekanne brodelte. In einer riesigen Bratpfanne briet er Schinkenspeck knusprig und hob das Fett für eine Riesenportion Rösti auf. Während er Eier in die Pfanne schlug, rief er uns aus dem Zelt.

»Kaffee ist durch!«, schrie er im Flüsterton, um zu vermeiden, dass er andere Camper störte. Das Frühstück selbst, die sättigende Mahlzeit-für-sechs-Personen, die er liebevoll für uns alle zubereitet hatte, kündigte er nie an. Ein einfaches »Kaffee ist durch!« sagte schon alles.

Als ich zum ersten Mal meinen zukünftigen Mann nachhause brachte, nahm Papa ihn beiseite, zu einer männlichen Aufwartung bei einer Tasse Kaffee. Das war eine Ehre, die mir noch nie gewährt worden war. Und von der Küche herüber sah Papa mich an, zog eine Augenbraue hoch – und zwinkerte beifällig.

Mein Papa starb vor einigen Jahren. Als ich irgendwann später zurückkam, um meine Mutter zu besuchen, war seine Abwesenheit im Hause herzzerreißend. Eines Morgens rückte ich mit der Sprache heraus.

»Ohne Papa fühlt sich alles anders an. Es riecht sogar anders.«

Ich starrte in mein Glas Orangensaft hinunter und runzelte nachdenklich die Stirn. »Daran liegt's!« Ich sah Mutter an. »Der Geruch von Kaffee! Warum rieche ich keinen Kaffee?«

Traurig lächelnd schüttelte sie den Kopf. »Unnötig, eine ganze Kanne zu kochen, wo nur ich zum Trinken hier bin.

Ich mach' mir jeweils nur eine Tasse voll in der Mikrowelle heiß.«

Eine traurige Sachlage, sicherlich. Aber sie hatte natürlich Recht. Und dennoch: Das Haus roch nicht mehr nach daheim.

Vielleicht ist das ja der Grund, weshalb ich in meinem eigenen Haus Kaffeeduftkerzen abbrenne. Weshalb ich auch in abgelegenen Imbissbuden genüsslich Kaffee schnuppere. Weshalb ich gelegentlich auch eine bis zum Rand gefüllte Tasse annehme, um sie dann zwischen meinen Handflächen hin und her zu drehen. All dies bietet mir immer eine wunderbare Gelegenheit, die Erinnerungen einzuatmen.

Dennoch kann ich mich nicht ganz dazu durchringen, das Zeug zu trinken. Ich will mir schließlich keine Sorgen darum machen, dass ich Haare auf meiner Brust bekomme!

Carol McAdoo Rehme

Das Verkosten (»Cupping«) von Kaffee

Das »Cupping« ist ein zentrales Verfahren beim Aufspüren fehlerhaften Kaffees und bei der Komposition von Mischungen. Es ist eine Verkostungsmethode zur Einschätzung des Aroma- und Geschmacksprofils eines Kaffees. Das Profil beinhaltet die folgenden Aspekte.

Duftnote: der Geruch gemahlenen Kaffees im trockenen Zustand, also bevor er mit dem Brühwasser in Berührung kommt.

Aroma: der Geruch gemahlenen Kaffees bei beginnender Durchfeuchtung, dem ersten Kontakt mit dem Brühwasser.

Säure: ist der Sinnesempfindung beim Trinken eines Rotweins sehr ähnlich; die helle und trockene, im hinteren Bereich Ihrer Zunge wahrgenommene Empfindungsqualität.

Geschmack: beinhaltet, in diesem speziellen Kontext, alle anderen Bestimmungsgrößen der Kaffeeverkostung.

Eine Lektion in verzeihender Nachsicht

Die Fülle der Nächstenliebe besteht einfach in der Fähigkeit, den Nächsten fragen zu können: »Welches Leiden quält dich?«

Simone Weil

Es schneite, als ich es endlich geschafft hatte, mein Baby von seinem Autositz loszuschnallen. Ein Hupen von hinten erinnerte mich daran, dass ich den Verkehr in der Einbahnstraße aufhielt.

Das war mir egal. Meine sechs Monate alte Kleine musste eine Schutzimpfung kriegen, was bedeutete, dass sie die ganze Nacht über mit Fieber wach sein würde. Mein Kopf tat weh, als ob ich mir die Grippe eingefangen hätte, und ob der Job meines Mannes über die Feiertage gesichert sein würde, schien fraglich. Ich war in keiner guten Stimmung.

Der Laster hupte erneut. Als ich schließlich mein kleines Mädchen in den Armen hielt und gegen die kalte Luft eingemummelt hatte, blickte ich auf und fühlte, wie mich der Mut verließ. Ich hatte versehentlich in einer Anlieferzone geparkt. Ein Blick auf die Namensaufschrift auf dem Laster bestätigte, dass ich in seiner Anlieferzone parkte.

Über mich selbst verärgert, weil ich das Schild nicht früher gesehen hatte, setzte ich mein Baby wieder ins Auto und schaute die Straße hinunter. Der nächstgelegene freie Platz war über einen Häuserblock weit entfernt. Die Zähne zusammenbeißend, war ich drauf und dran, heimzufahren und den Schutzimpfungstermin meines Babys auf einen Tag zu verschieben, an dem die Dinge besser laufen würden, tat es aber dann doch nicht.

Nachdem es mir gelungen war, in eine ziemlich enge Lücke parallel einzuparken, schickte ich mich wieder an, aus meinem Wagen zu steigen. Flüchtig aufblickend, sah ich, dass draußen jemand auf mich wartete. Ich wusste, dass es der LKW-Fahrer war. Mich auf eine Verbalattacke gefasst machend, kam ich langsam aus dem Wagen heraus.

»Tut mir leid, das dahinten.« Ein deutlicher Entschuldigungston klang in der Stimme des Mannes. Ich blickte ihn misstrauisch an. Er grinste sogar freundlich!

»Ich sah, dass Sie ein Baby dabeihatten«, fuhr er fort, »aber es war eben der einzige Platz, der für mich zum Parken groß genug war.«

Ich schaffte es, selbst eine Entschuldigung zu stammeln, obwohl ich vollkommen überrascht war von seiner liebenswürdigen Art. Wie Scrooge fragte ich mich, ob das ein abgekartetes Spiel sei.

»Ich möchte Ihnen das hier geben.« Der Fremde streckte mir eine mit dem Namen seiner Firma beschriftete Kaffeetasse hin. Er wartete nicht auf meine Reaktion, sondern rief: »Frohe Weihnachten« und spurtete so schnell, wie er sich auf dem glatten Asphalt getraute, davon.

Ich starrte ihm hinterher, die Kaffeetasse noch immer in der Hand. Während der Schnee rings um mich weiterhin fiel, durchflutete mich ein warmes Gefühl in meinem ganzen Körper, und ich lächelte zum ersten Mal an jenem Tag.

Daheim dient mir diese Kaffeetasse als ständige Erinnerung daran, auf welche Weise damals jener Fahrer unerwartet freundlich und verzeihend zu mir war. Außerdem erinnert sie mich, beim tagtäglichen Trinken aus ihr, daran, auf welche Weise Gott einem jeden von uns verzeiht, wenn wir es am wenigsten verdienen.

Indem ich jeden Morgen meinen Tag mit einem Kaffee aus jener Tasse beginne, inspiriert sie mich dazu, daran zu arbeiten, zu jedem, dem ich begegne – Angestellten, Kassiererinnen, absolut Fremden – genauso freundlich und verzeihend zu sein, und zwar nicht nur an Weihnachten, sondern an allen Tagen im Jahr.

Kayleen J. Reusser

Ein Geschenk unter Schwestern

Bei zweiten und dritten Tassen sprudeln Themen der Hochfinanz, Hochstimmung, des alltäglichen Tratsches und der billigen Komödie.

New York Times, November 1949

Beim Telefonanruf meiner Schwester hörte ich aus ihrer Stimme Beklommenheit heraus, als sie sagte: »Hast du einen Stuhl und eine Tasse Kaffee griffbereit? Ich muss dich etwas fragen.«

Tausend mögliche Szenarien kamen mir in den Sinn, während ich meine eisigen Hände fest um meine bemalte Lieblingskaffeetasse legte, die augenfällig verkündet: »Eine gute Freundin ist wie ein guter BH. Schwer zu finden, bequem, unterstützend und deinem Herzen nah.«

»Na klar, leg los«, sagte ich, wobei ich mir überhaupt nicht sicher war, ob ich wirklich hören wollte, was sie gleich sagen würde.

»Ich weiß nicht, wie ich's dir anders sagen soll als einfach grade heraus: Hast du eine Niere, die ich ausleihen könnte?«, sagte Tammy.

»Niere, ausleihen? Was redest du da?«

Unglaublich – meine Schwester, nur zwei Jahre älter als ich, war mit dreiundvierzig dem Sterben nah. Tammy litt an Nierenversagen, und um weiterleben zu können, brauchte sie dringend eine Nierentransplantation. Ihr Name stehe bereits auf der Transplantat-Warteliste, aber die für sie gesündeste Alternative wäre, eine Niere von einem lebenden Spender zu bekommen, und ihre größte Überlebenschance wäre die Niere von einem Geschwisterteil.

Ohne zu zögern, willigte ich ein, ihre Spenderin zu sein. Wenn ich ihr helfen könnte, sei ich bereit, wie sie es ja bei mir genauso wäre.

Im Unterschied zu den meisten anderen Schwesternpaaren hatten Tammy und ich nicht die Möglichkeit, zusammen aufzuwachsen. Wir hatten nie die Chance, im Dunkeln Geheimnisse auszutauschen, nachdem Mama und Papa »Licht aus!« gesagt hatten. Durch Umstände, auf die wir keinen Einfluss hatten, wurden meine Schwester und ich in getrennten Pflegestellen aufgezogen. Nur bei seltenen Anlässen hatten wir Gelegenheit, zusammen im Park zu spielen, uns gegenseitig auf der Schaukel anzuschubsen oder mit dem Fahrrad auf dem Gehsteig dahinzufahren. Erst innerhalb der letzten paar Jahre, als Erwachsene, hatten wir begonnen, bedeutsame Zeit miteinander zu teilen und nicht nur als Geschwister, sondern auch als Freundinnen, zu wachsen.

Am Tag der Nierentransplantation machten wir den Mitarbeitern im Krankenhaus Kummer, während sie uns für die Operation vorbereiteten. Als langjährige Kaffee-Liebhaberinnen schon vierundzwanzig Stunden lang ohne unser Lieblingsgetränk, flehten wir – erfolglos – während der ganzen Tropfinfusion um Kaffee. Schließlich spendierte man uns ein paar Tage nach der Transplantation eine verwässerte Kaffeevariante. Als mir da meine Schwester, am Leben und gesund, mit ihrer dampfenden Tasse gegenübersaß, wussten wir, dass das sich als Kaffee ausgebende Mokkawasser die beste Tasse Kaffee war, die wir je getrunken hatten oder jemals kosten werden. Während unserer Genesungszeit im Krankenhaus besuchten wir uns gegenseitig in unseren Zimmern und teilten unser heftiges Verlangen nach der noch nicht erreichbaren Tasse wirklich guten Kaffees, in deren ungehinderten Genuss wir ja zweifellos bald kommen würden.

Meine Schwester ist heute gesund, und inmitten unseres geschäftigen Lebens, in dem wir uns um die Familie und den jeweiligen Beruf kümmern, werden wir für *eine* Sache sicherlich Zeit erübrigen, nämlich für ein fast tägliches Telefonat bei einer Tasse Kaffee. Das Aroma, die Wärme und die Behaglichkeit des Kaffees und das Gespräch sind kostbare Geschenke gemeinsam verbrachten Lebens, gemeinsam verbrachter Zeit. Manchmal bekommt man eben eine zweite Chance.

Victoria Roder

Eine besonders HERZhafte Mischung

Ich habe mit Koffein kein Problem.
Ich habe ohne Koffein ein Problem.

Verfasser unbekannt

Paul war zur Arbeit losgefahren, ohne mir einen Abschiedskuss zu geben. Eigentlich keine große Sache im Gesamtplan der Dinge, aber ich hatte auf dem ganzen Weg zur Arbeit darüber nachgedacht. Natürlich hätte ich den Schmatz auch provozieren können, aber da Paul normalerweise vor mir losfährt, ist das ja seine letzte Zärtlichkeitsgeste, ehe er zur Tür hinausgeht.

Wenn man so lange verheiratet ist wie wir, lernt man, die Dinge weniger ernst zu nehmen, aber *das* hatte bei mir die Alarmglocken schrillen lassen. Ich wusste, dass er in der letzten Zeit beruflich viel unterwegs und ich mit meinem Job beschäftigt war und hatte folglich jeden Zweifel an unserer Beziehung beiseite geschoben.

Jetzt fragte ich mich, ob wir uns auseinanderlebten. Sah er mich als Selbstverständlichkeit an? War das bloß eine Unebenheit auf der Straße oder ein riesiges Schlagloch?

Bei seinen Überstunden kommt Paul normalerweise erst heim, wenn ich schon längst schlafe, daher kommen wir abends normalerweise nicht zum Reden. Aber wir nehmen uns jeden Morgen reichlich Zeit beim gemeinsamen Kaffeetrinken. Dann erzählen wir uns gegenseitig, was im eigenen Leben gerade so läuft, und nehmen uns einen Moment Zeit, um miteinander in Einklang zu kommen. Das sind ein paar ganz besondere Minuten, um einander »Du bedeutest mir etwas« zu signalisieren.

Am nächsten Morgen beim Kaffee ging ich das Problem frontal an.

»He, Schatz, du weißt, dass du gestern vergessen hast, mir einen Abschiedskuss zu geben. Irgendwas Besonderes, das dich stört, oder gibt's da irgendwas, worüber du reden möchtest?«

»Nö, muss mir pressiert haben.« Und damit stand er auf und ging ins Bad, um sich zu rasieren.

Ich war wirklich verletzt. Ich erwartete eine große Umarmung und wollte hören, dass wir »miteinander okay« waren – dass zwischen uns alles bestens war. Ich wollte die Gewissheit, dass ich in seinem Leben noch immer wichtig war. Ich wollte die Zusicherung, dass er mich noch immer liebte. Aber ich wusste: Wenn ich drängelte, würde er einfach nur abblocken.

Tief bekümmert fuhr ich zur Arbeit. Er war meine erste Liebe. Ich wollte unsere innigen Momente nicht verlieren, nicht einmal einen simplen Abschiedskuss.

Das Wochenende rückte heran, und ich wusste, dass Paul zuhause bleiben und sich entspannen wollen würde. Als Handelsvertreter in den Staaten der Westküste war er pro Woche knapp zweitausend Kilometer unterwegs. Ich hingegen arbeitete die die ganze Woche über in der Stadt und ging daher an Samstagabenden normalerweise gern aus.

Ich würde Paul ganz schön um den Bart gehen müssen, um ihn aus dem Hause zu bringen, aber wir mussten unbedingt reden. Und dann fiel mir seine Schwäche und unsere Stärke ein – das Relaxen bei einer Tasse Kaffee.

»He, Schatz, hast du Lust, zu einer Tasse Kaffee mitzukommen, auf meine Rechnung?«, fragte ich gespannt

»Ich bin echt müde, aber … okay. Wenn du fährst, hab' ich doch wohl Lust darauf.«

Als wir an jenem Abend auf der Terrasse von Starbucks schlückchenweise unseren Kaffee tranken, fand ich heraus, dass Pauls Gedankenlosigkeit nichts mit mir zu tun hatte. Er hatte einfach beruflich eine Menge um die Ohren. Er erklärte, dass er das regeln und dann erst mit mir darüber reden wollte. Wir kuschelten, und er versicherte mir, dass ich noch immer sein liebstes Mädchen sei. Wir kicherten wie Teenager, die einander wiedergefunden hatten. Paul redete sich mit Erleichterung seine Sorgen von der Seele. Ich versicherte ihm, dass ich für ihn da sei und ihn so weit unterstützen würde, wie ich es eben verstünde. Wir eilten nachhause, um ein lange überfälliges Geschmuse nachzuholen.

Sie können den ganzen Abend der Liebe zuschreiben, aber ich glaube, dass dafür möglicherweise die von uns bestellte, besonders herzhafte marokkanische Mischung verantwortlich gewesen ist. Welches auch immer die Ursache war – manchmal kommt alles auf die einfachen Dinge im Leben an, ob es nun ein Kuss ist oder eine großartige Tasse Kaffee.

Sallie A. Rodman

Methoden, die Bohne zu brühen:

Der Espresso

Für die Zubereitung eines Espresso benötigen Sie äußerst feinkörnigen, fast pulverisierten gemahlenen Kaffee, durch den nahezu siedendes Wasser unter hohem Druck hindurch gepresst wird.

Espresso hat eine dickflüssigere Konsistenz als Filterkaffee. Eine Portion wird mit etwa dreißig Milliliter – in einer entsprechend kleinen Espressotasse – bemessen. Er soll schnell getrunken werden, weil er unmittelbar nach der Zubereitung durch Oxidation und Temperaturverlust an Qualität einbüßt.

Das Vorhandensein von Crema, einem rötlich braunen Schaum, der sich auf der Oberfläche von richtig zubereitetem Espresso bildet, ist dessen spezifischstes Merkmal. Die Crema setzt sich aus pflanzlichen Ölen, Proteinen, Zuckerarten und Kohlenstoffdioxid zusammen.

Das Hochdruck-Brühverfahren konzentriert sämtliche Geschmacksstoffe und chemischen Substanzen, und daher eignet sich Espresso, ohne Geschmacks- und Aromaverlust, als Basis für andere Kaffeemischgetränke wie etwa Cappuccino, (Caffè) Latte, (Latte) Macchiato und Mokka.

Espresso enthält doppelt so viel Koffein wie nicht unter hohem Druck gebrühter Kaffee.

Die Leiche in meinem Keller

Der Mensch lebt nicht vom Brot allein.
Iss mal ein Plunderstück.

Verfasser unbekannt

Als ich aufwuchs, hegte meine Familie ein tiefes, dunkles Geheimnis. Es spukte durch meine Grundschulzeit, und von dem bloßen Gedanken, meine Lehrerin und meine Mitschülerinnen könnten dieses schändliche Geheimnis erfahren, lief es mir kalt den Rücken hinunter. Was sie wohl sagen würden, wenn sie jemals erführen, dass meine Familie jeden Morgen Kaffeesuppe zum Frühstück aß?

Freilich aßen wir nicht alle das Gleiche. Einige von uns gaben Cracker in ihren Kaffee, wie etwa mein Onkel Bill, der bei uns lebende unverheiratete Onkel meines Vaters, und andere, wie mein Papa, brockten in den ihren Brot hinein. Und meine Schwester rührte Kaffee nicht an, in keinerlei Form. Aber trotzdem …

Dass Kaffeesuppe doch nicht das anerkannte »Frühstück für Helden« war, erfuhr ich erstmals im Alter von vier Jahren, als meine Schwester Dot geboren wurde. Damals wurden Babys zuhause zur Welt gebracht, wobei die Mutter des Neugeborenen nach der Geburt noch zwölf Tage lang das Bett hütete. Das bedeutete, dass man eine Familienhilfskraft kommen lassen musste, die den Haushalt managte, und so traf denn Flossie ein, um bei uns zu wohnen.

Beim Entgegennehmen unserer Frühstücksbestellungen am ersten Morgen war Flossie entsetzt, als wir ihr sagten, was wir haben wollten.

»Kaffeesuppe!«, rief sie aus. »Das ist kein gutes Frühstück für zwei kleine Mädchen. Möchtet ihr stattdessen nicht lieber Milchsuppe haben?«

Meine ältere Schwester Ginny ließ sich nicht beirren. »Kaffeesuppe«, sagte sie. Ich hingegen kapitulierte, da ich mich bei Flossie einschmeicheln wollte.

»Ich probiere die Milchsuppe«, sagte ich Flossie.

Schon ihr Aussehen war widerlich – mit weißen, blassen Brotbrocken, die in noch weißerer Milch herumschwammen.

»Bitte«, bat ich Ginny nach dem ersten grässlichen Mund voll flehentlich, »tausch mit mir. Ich lass' dir von meiner so viel du willst – bloß tausch mit mir.«

Aber Ginny war sowohl unnachgiebig als auch süffisant. »Du hättest ihr nicht sagen sollen, dass du Milchsuppe willst«, erklärte sie. »Das hast du bloß getan, damit dich Flossie mag. Es geschieht dir recht.«

Als ich fünf Jahre alt war, wurden mir die Mandeln herausgenommen. Meine Eltern legten, wie alle Eltern auf dieser Welt, Wert darauf, dass ich nach der Operation auf eine spezielle Diät gesetzt werden sollte.

»Eiskrem, jederzeit, wenn du welche willst, Pudding, Gelatine«, scherzte mein Papa. »Genau wie einer Märchenprinzessin wird's dir gehen – liegst im Bett, und alle beeilen sich, deine Befehle auszuführen.« Der erste Tag lief prima.

Am nächsten Morgen wollte ich keine Gelatine haben, wollte ich keinen Pudding haben und wollte auch ganz bestimmt keine Eiskrem mehr haben. Ich wollte Kaffeesuppe. Ich bekam einen Wutanfall.

Als schließlich alle Bemühungen, mich zu beruhigen, versagt hatten, rief meine Mutter unseren Hausarzt an.

»Wenn sie sich tatsächlich derartig aufregt, dann geben Sie ihr die Kaffeesuppe«, riet er. »Diese ganze Schreierei schadet ihrem Hals wahrscheinlich mehr, als es die Cracker tun werden.«

Im nächsten Jahr fing ich mit der Schule an – und stellte schnell fest, dass Kaffeesuppe nicht zur empfohlenen Frühstückskost gehörte.

Aus irgendeinem, mir noch immer unerfindlichen Grund befragte die Lehrerin alljährlich jede einzelne Schülerin, was sie zum Frühstück äße. In einem Klassenzimmer voll Cornflakes- und Weizenpoppies-Esserinnen hatte ich keinesfalls vor, mein Geheimnis zu lüften.

Vielmehr murmelte ich, mich auf meinem Sitz windend und die Finger kreuzend, »geschroteter Weizen«, als ich an die Reihe kam. Aber ich wusste, dass meine Tage gezählt waren. Meine beste Freundin Ilene, die in meiner Straße nur zwei Häuser weiter wohnte, war auch in meiner Klasse und kannte die schreckliche Wahrheit.

Ich machte mir keine Illusionen über Ilenes Prioritäten. Nichts tat sie lieber, als mit der Hand zu winken und von sich aus die Klasse mit nebensächlichen Informationen zu versorgen. Dank Ilene wussten wir bereits, dass ihre ältere Schwester Shirley nicht nur mit offenem Mund Kaugummi kaute, sondern auch mit auf den Tisch aufgestützten Ellbogen aß. Und dass sie zum Schlafen Jungenpyjamas anhatte!

Die Drei Gebote der Kaffeezubereitung

- *Du sollst die Öle aus deiner Bohne nicht restlos herausholen.*
- *Du sollst deinen Kaffee nicht zum Kochen bringen.*
- *Du sollst deinen Kaffee nicht aufwärmen.*

Wenn ihre eigene Schwester kein Loyalitätsgefühl erweckte – welche Chance hatte da ich, wo ich bloß eine beste Freundin war? In diesem Punkt verkannte ich Ilene. In unseren sechs Jahren Grundschule outete sie mich nie.

Irgendwann ging ich dann tatsächlich zu anderen Frühstücksalternativen über. Aber geschroteter Weizen wurde nie zu einem Bestandteil meiner Frühstückskost.

Im Rückblick bin ich zu dem Schluss gekommen, dass die Kaffeesuppe ein Überbleibsel aus der Zeit der Weltwirtschaftskrise war, als die ältere Generation sich mit dem Wenigen behalf, was ihr zur Verfügung stand. Und ich habe herausgefunden, dass Kaffeesuppe weder so unüblich noch so anstößig war, wie ich glaubte.

Sie war sogar eine der Erinnerungen, die mein Mann und ich gemeinsam hatten.

Mary K. Young

Mister-Coffee-Blues

In Seattle hast du erst dann genug Kaffee intus,
wenn du eine Nähmaschine einfädeln kannst,
während sie läuft.

Jeff Bezos

Vor ein paar Wochen verabschiedete ich mich vom alten Mister Coffee, meiner innig geliebten Kaffeemaschine und meinem morgendlichen Begleiter von bis dato fast sechzehn Jahren. Ich hatte seit Längerem die Augen vor der Wahrheit verschlossen – peinliche Pfützen auf dem Küchentresen weggewischt, ständig seinen lockeren Griff festgeschraubt und die dunkle Verfärbung seines Filtereinsatzes meinem alternden Geschirrspüler zugeschrieben. Mir war klar, dass ein betagter Kaffeepott Probleme haben konnte, aber er machte ja nach wie vor den weit und breit besten Kaffee, der fast an einen doppelten Latte von Starbucks heranreichte.

Als die Glaskanne zu Bruch ging und ich als Ersatz dafür nur ein schlecht passendes No-Name-Modell auftreiben konnte, wusste ich, dass Mister Coffees Uhr abgelaufen war. Es war

Zeit, der Wahrheit ins Auge zu schauen – es war Zeit, einen Neukauf zu tätigen. Ich gestehe einen kurzen Flirt mit anderen Fabrikaten ein. Ich sah mir eine Kaffeemaschine an, die meine Bohnen mahlen würde, aber die war zu vertrackt. Ich probierte eine zweite aus, die sich als regelrechter Espressozubereiter entpuppte, aber die war zu teuer. Ich hatte sogar eine einen Vormittag andauernde Liebelei mit einer Schnäppchenmaschine, die den Kaffee so heiß zubereitete, dass ich mir die Lippen dran verbrannte. Sie landete wieder im Karton und wurde am nächsten Tag zurückgegeben. An diesem Punkt dachte ich daran, ganz auf Kaffee zu verzichten. Aber im Innersten wusste ich, dass der Earl Grey und seine Kräutergenossen nie den Duft nach frisch gerösteten Bohnen oder das in der Nase prickelnde Aroma würden ersetzen können, wovon meine Küche allmorgendlich erfüllt war. Also verausgabte ich mich. Ich zückte meine Kreditkarte und erwarb einen nagelneuen, dem neuesten Stand der Technik entsprechenden Mister Coffee.

Das aktuellste Modell kostete sechsmal so viel wie sein Vorgänger, aber dieser neue Typ prunkte mit einigen beeindruckenden Besonderheiten. Ich war geblendet von seinem imposanten smokingmäßigen Gehäuse aus schwarzem Nirostastahl und den aufsteigenden winzigen weißen Zahlen seiner Zwölftassen-Anzeige. Es störte mich nicht einmal, dass dieser Mister Coffee nicht mehr in meine Gerätegarage passte oder dass er mit derselben Fonzahl gluckerte wie ein Bus im Leerlauf. Sein leuchtender grüner Count-down-Timer steigerte bloß meine Vorfreude auf jene erste Morgentasse.

Es gibt da nur *ein* Problem – mein schicker neuer Mister Coffee ist hilfsbedürftig. Den ganzen Vormittag hindurch piept er alle zwei Stunden mehrere Male und schaltet sich ab. Um bis zum Mittag einen ständigen Strom heißen Kaffees am Fließen zu halten, muss ich auf »Auswählen« drücken und auf einen weiteren widerhallenden Chor von Pieptönen horchen. An einem vollgepackten Tag, wenn ich einen turmhoch mit Arbeit beladenen Schreibtisch und ein Dutzend zu erledigende Rückrufe vor mir habe, will ich zu keiner Kaffeekanne hinlaufen. Noch ein einziger Piepton, und ich bin so weit, meinen technologisch zukunftsweisenden Mister Coffee quer durchs Zimmer zu schleudern.

Um fair zu sein: Der Kaffee ist immer noch dunkelbraun und kräftig und genauso voll aromatisch wie gehabt. Aber ich stelle fest, dass ich mich unwillkürlich nach jenen stillen Kaffeetagen sehne, wo ich einzig und allein auf den »Ein«-Knopf drücken musste, wo keine Gefahr bestand, kalten Kaffee zu bekommen. Einer Zeit, wo noch nicht ein einziges hinzugekommenes anspruchsvolles elektronisches Gerät meinen Tag beherrschte. Ich überdenke in letzter Zeit meine Prioritäten. Was sind schon ein paar Lecks und schlechte Verbindungsstellen, verglichen mit dem Mangel an Frieden und Ruhe? Es könnte jetzt jeden Tag passieren, dass ich den »lieben alten Papa« aus dem Kleingerätefriedhof in meinem Kellerspeicher ausgrabe. Also piep *das*, Mr. Schnieke-Pieke Coffee! Vielleicht haben Alter und Erfahrung ja schließlich doch etwas für sich.

Maureen Rogers

Nur vorsichtig nähern!

Als junge Rechtsanwältin begann ich, Hüte zu tragen,
weil mir das half, meine berufliche Identität
herzustellen. Davor bat mich,
wenn ich auf einer Versammlung war, immer irgendwer,
ihm Kaffee zu bringen.

Bella Abzug

Ich bin kein Morgenmensch. Mein Mann und meine Kinder meiden mich klugerweise wie die Pest, bis sie mich in einem Zustand koffeinbedingter Wonne sehen. Vor ein paar Monaten klingelte an einem Samstag morgens um 8 Uhr das Telefon. Niemand aus meinem Bekanntenkreis ruft mich an einem Wochenende so früh an; die sind gescheit. Ich bin keine sehr liebenswürdige Person, wenn ich geweckt werde, vor allem dann nicht, wenn ich noch nicht meinen Kaffee getrunken habe. Im Glauben, es handle sich um einen familiären Notfall, sprang ich aus dem Bett und stolperte über meine Schuhe.

»Wehe, wenn das nichts Wichtiges ist«, murrte ich, während

ich den Flur hinunter zum Telefon humpelte. Ich erreichte das Telefon beim letzten Klingeln. »Hallo«, keuchte ich.

»Ja. Ist dort Ms Roppolo?«, fragte eine nasal klingende männliche Stimme.

Wer ist das?, fragte ich mich. »Hier ist Ms Roppolo.«

»Guten Morgen. Ich rufe an, um mich zu erkundigen, ob Sie Interesse hätten, ihren Ferngesprächsservice zu wechseln. Sie …«

»Kein Interesse.«

»Wenn Sie es bitte unterlassen würden, unhöflich zu sein und mich zu unterbrechen: Ich bin sicher, dass wir ein Pauschalangebot finden können, das Ihrem Bedarf entspricht.«

Dieser Werber ruft mich morgens um acht an, und ich bin unhöflich?, dachte ich. Ich kann mich nicht mehr dran erinnern, was ich sagte, aber ich weiß, dass es nichts Freundliches war. Als ich damit durch war, dem Werber die Meinung zu sagen, verhaspelte er sich vor lauter Eile, das Telefonat mit mir zu beenden.

Wenige Tage später rief ich, bevor mein Kaffee fertig war, den Tierarzt an, weil ich meine Hündin sterilisieren lassen wollte. Eine tierärztliche Assistentin meldete sich. Ich erkundigte mich nach den Kosten für eine Sterilisierung und war entsetzt über den Preis.

»Sechsundsiebzig Dollar?«, jaulte ich in den Hörer.

»Nein. Sechsunddreißig Dollar.« Ich war erleichtert. »Nun, ist Ihr Tier ein Hund oder eine Katze?«, fragte sie mit monotoner Stimme.

Vielleicht lag es ja am Koffeinmangel, jedenfalls hatte ich

keine Ahnung, was sie meinte. »Äh, wie bitte?«, stammelte ich. Sie seufzte und wiederholte die Frage. Endlich ging die Glühbirne in meinem Kopf an. »Oh, eine Hündin«, sagte ich stolz. Ein paar Minuten später legte die Assistentin auf, ohne sich zu verabschieden. »Hmm. Die muss auch noch keinen Kaffee getrunken haben«, sinnierte ich laut.

Am Abend jenes Tages sprachen wir in der Familienrunde über die bevorstehende Operation meiner Mutter und dass sie danach bei uns wohnen sollte. Wenige Minuten später gingen wir dazu über, die Operation der Hündin zu besprechen. »Am Abend vor der Operation müssen wir ihr den Kragen anlegen und sie festbinden«, sagte ich John.

»Da fängt sie doch nur das Jaulen an und weckt damit die Nachbarn auf«, gab John zu bedenken. »Ich würd' sagen, wir stecken sie einfach in die Garage.«

»Und was ist, wenn sie eine Sauerei anrichtet? Du weißt, wie sehr sie Zeitschriften mag, und du hast einen Stapel davon in der Garage.«

»Ganz einfach, wir verkloppen sie halt mit 'ner Zeitung. Wo wir grade von Sauereien sprechen – sollte ihr in der Garage ein Malheur passieren, dann muss ich sie eben mit der Schnauze da reindrücken«, sagte John trocken. »So hat man das früher gemacht.«

Ich schüttelte den Kopf. »Das bring' ich nicht fertig; das ist zu grausam.«

»Mach es auf deine Tour. Du bist für sie verantwortlich.«

Offensichtlich war es unserem Sohn Seth entgangen, dass inzwischen nicht mehr von seiner Großmutter, sondern von der Hündin die Rede war. Ungläubig starrte er uns an. »Ihr seid die grausamsten Menschen, die mir je begegnet sind. Wie könnt ihr meine Oma in die Garage stecken?« Ich starrte Seth ein paar Sekunden lang an, bevor mir dämmerte, was er meinte. Ich bekam einen Kicheranfall und kugelte mich vor Lachen auf dem Boden.

»Seth, Baby«, sagte ich keuchend, »wir reden nicht von Oma. Wir reden von der Hündin.«

»Ach, lasst mich zufrieden«, grummelte er, während er aus dem Zimmer stakste. »Ich hab' heute noch kein Koffein gekriegt. Ich glaub', ich brauch' eine Tasse Kaffee.«

Das alte Sprichwort: »Der Apfel fällt nicht weit vom Stamm«, oder in meinem Fall: »Die Tasse entfernt sich nicht weit von der Kaffeekanne«, trifft durchaus zu.

Debbie Roppolo

Die Muntermacher-Anteilskala

Wie viel Koffein im Kaffee jeweils enthalten ist, ergibt sich aus der Bohnensorte, dem Mengenverhältnis von Wasser und gemahlenem Kaffee und der angewendeten Brühmethode. Das Koffein trägt nichts zum Geschmack des Kaffees bei, aber das Entkoffeinierungsverfahren verändert den Geschmack und das Aroma. Dabei bleibt letztendlich immer noch etwas Koffein übrig.

Regulär gebrühter Kaffee enthält pro 30 Milliliter etwa 20 Milligramm Koffein, Espresso hingegen (pro 30 Milliliter) 40 Milligramm. Da aber die durchschnittliche Portionsgröße für Espresso nur 30 Milliliter (= ein Sechstel der Portionsgröße regulär zubereiteten Kaffees) beträgt, nehmen Sie mit einem Espresso auch nur ein Drittel der Koffeinmenge einer ›normalen‹ Tasse Kaffee zu sich.

Bestimmungen des Landwirtschaftsministeriums der Vereinigten Staaten gemäß darf ein Kaffee die Bezeichnung »entkoffeiniert« nur dann führen, wenn sein ursprünglicher Koffeingesamtlevel um nicht weniger als 97,5 Prozent verringert wurde. Klingt beeindruckend, oder? Nun ja – Arabica-Kaffeesorten sind sogar etwa 98-prozentig koffeinfrei, bevor noch irgendeine Weiterverarbeitung zur Verringerung des Koffeingehalts unternommen wird. Folgerichtig werden daher die meisten entkoffeinierten Kaffeemischungen mit Robustabohnen hergestellt, die einen von Natur aus höheren Koffeingesamtgehalt haben.

Die gängigste Methode zur Entkoffeinierung von Kaffee erfordert, dass die Bohnen in Wasser geschwemmt werden, um das Koffein herauszulösen. Leider fallen diesem Schwemmverfahren auch die meisten der für den Geschmack verantwortlichen Verbindungen zum Opfer. Das Koffein wird dann dem Wasser entweder durch Lösungsmittel, wie etwa Dichlormethan oder Ethylacetat, oder durch

Aktivkohle entzogen. Die Bohnen werden dann nochmals in dem entkoffeinierten Wasser geschwemmt, damit sie einiges von den bei der anfänglichen Herauslösung verloren gegangenen Geschmacksverbindungen wieder absorbieren.

Ein teures Pfund Kaffee

Kaffee stimmt uns streng, ernsthaft
und philosophisch.

Jonathan Swift

Ich war noch relativ neu in Chicago, mit dem chaotischen Verkehr, den Parkproblemen noch nicht vertraut – und wirklich exzellenter Kaffee mir noch unbekannt. Mein Freund Rod, der ein echter Kaffeekenner ist, hatte mir von dem im nördlichen Stadtbereich gelegenen Café Intelligentsia erzählt. Als ich beschloss, es mir selbst anzusehen, gab mir Rod ganz spezielle Hinweise, einschließlich der Empfehlung, bei der Videothek auf der gegenüberliegenden Straßenseite zu parken. Rods Tipp befolgend, fuhr ich in den Videothek-Parkplatz hinein, wo ich keine Parkuhren oder dergleichen entdecken konnte. Ich blickte zu den verblassenden, auf die Ziegelmauer gemalten Parkrichtlinien hoch, die darauf aufmerksam machten, dass nur Videothek-Kunden parkberechtigt seien und andere Fahrzeuge abgeschleppt würden. Aber im Ernst – wie sollte das denn in fünf oder höchstens zehn Minuten passieren?

Oh, meine Kaffee liebenden Freunde, bis Sie bestellt, auf das Auswiegen der Bohnen gewartet und das Geschäft mit einem dampfenden Gratisbecher Ihres Leib- und Magengetränks verlassen haben, kann das sehr leicht der teuerste Kaffee werden, den Sie je erstanden haben. Beschwingt kehrte ich zu meinem Toyota Corolla zurück, mein Pfund Kaffee in der poppigen Tüte des Shops in der einen Hand, meinen Becher Kaffee in der anderen. Ich begab mich zur Fahrerseite – und schrak zusammen, als wäre ich gegen die Ziegelmauer mit dem verblassten Park-Warnhinweis gekracht. An seinem linken Hinterradreifen trug mein lieber alter Toyota eine knallgelbe Parkkralle, so eine, wie sie für »Parksünder« reserviert ist – jene Leute, die, meiner Vorstellung nach, ihre Strafzettel in den Wind werfen oder sie, ohne auch nur *ein* gesetzmäßiges Bedenken, in Stückchen reißen.

Aber hier gab es eine Parkkralle, und einen sehr ekelhaften »Parkkraller«, dem ich jetzt unter Tränen meinen Fall darlegte. Er saß in einer alten schwarzen Limousine – Tag und Nacht, stelle ich mir vor –, um dies netten Leuten wie mir anzutun. Er führte mich zu der Hinweisaufschrift und sagte mir klipp und klar, dass es 75 Dollar kosten werde, die mechanische Parkkralle wieder wegzubekommen. Dann krönte er meinen Nachmittag mit einer herabwürdigenden Haltung und entsprechenden Ausfälligkeiten, die auf diesen Seiten nicht wiederholt werden können.

Und so tat ich denn das Einzige, was mir übrig blieb: Ich ging zwei Häuserblocks zu Fuß und steckte meine Bankkarte in den Geldautomaten, um das Geld abzuheben, wobei ich nur hoffen konnte, dass so viel auf meinem mageren Konto war. Nachdem ich den Parkkraller bezahlt hatte, fuhr ich davon, noch immer bebend, tief verärgert und zugleich erleichtert, wobei ich das Gefühl hatte, als hätte ich gerade die Kaution für ein Verbrechen hinterlegt, das ich nicht begangen hatte – oder zumindest für eines, bei dem die Strafe dem Verbrechen nicht angemessen war. Den nächsten Tag verbrachte ich damit, Anrufe zu tätigen und einen Brief abzufassen, in dem es hauptsächlich um das Benehmen des Typen ging –, an die Videothek, den Coffeeshop, den Stadtrat und das Abschleppunternehmen. Ich brauchte Monate, ja genau genommen ein Jahr, ehe ich diesen speziellen Coffeeshop wieder aufsuchte. Freunde oder Bekannte boten immer an, mir Kaffee mitzubringen, wenn sie dort hingingen, weil sie wussten, dass das ein wunder Punkt war.

Dann erregte vor wenigen Monaten ein Artikel über einen neuen Intelligentsia-Kaffee meine Aufmerksamkeit, der für 103,90 Dollar pro Pfund zu haben war. (Das läuft auf vier Cent pro Bohne hinaus, falls Sie sich für solche Einzelheiten interessieren.) Unfassbar! Unglaublicherweise setzten sie diese bestimmte Mischung vollständig ab. Das war genau die Neuigkeit, die meine Neugier wecken und mich dazu verleiten sollte, zurückzukommen. Als ich mich wieder hinwagte, musste ich lächeln. Der Parkplatz war in eine öffentliche Parkfläche mit einer Mindestgebühr von einem Dollar für eine halbe Stunde umgewandelt worden. Absolut ideal für einen schnellen Spurt, um ein 100-Dollar-Pfund Kaffee zu besorgen.

Julie B. Sevig

Geschenk der pfefferminzmokka-mäßigen, fettarmen Weisen aus dem Morgenland

Wir nahmen etwas Altes und Uninteressantes und Gewöhnliches – Kaffee – und webten um es herum ein Gefühl des Romantischen und der Gemeinschaft. Wir entdeckten da die Mystik und den Zauber wieder, die den Kaffee schon all die Jahrhunderte hindurch umwehten.

Howard Schutz

Hinter dem Kaffeetresen stehend, begrüßt er mich allmorgendlich. Oft kommt es mir so vor, als seien er und ich die einzigen zwei menschlichen Wesen, die zu dieser unchristlichen Stunde, frühmorgens 6.00 Uhr, am Leben sind. Um diese Zeit, mitten im Winter, ist es draußen noch dunkel, manchmal regnerisch und fast immer kalt. Vor meiner tagtäglich zu bewältigenden einstündigen Pendlerfahrt zu meinem Arbeitsplatz schleppe ich mich halb wachkomatös in den Coffeeshop. Ich brauche diesen Schuss Koffein zum Wachwerden, vor allem, wenn ich am vorhergehenden Abend zu lang aufgeblieben bin, weil ich mir gleich mehrere unwiderstehliche Folgen von *Law & Order* reinzog oder, zum dritten Mal, *Ein Baum wächst in Brooklyn* noch unbedingt zu Ende lesen wollte.

Mein Kaffeeknabe ist immer nett und freundlich, immer fröhlich, obwohl der Tresen, hinter dem er arbeitet, nur wenige Meter von der Eingangstür entfernt liegt und er dadurch jedes Mal kalten Winterwinden ausgesetzt ist, wenn ein Kunde in den Shop hereinkommt. Der Laden läuft auf Franchisebasis, und er ist nicht der Besitzer. Er ist nur ein Student und verdient wahrscheinlich bestenfalls den Mindestlohn. Trotzdem begrüßt er jeden Kunden wie ein lang vermisst geglaubtes Familienmitglied. Ich muss ihm nie in Erinnerung bringen, welches mein Lieblingsgetränk ist oder wie ich es zubereitet haben möchte. Sobald ich in den Shop hereinkomme, lächelt er und ruft: »Dasselbe?« Wenn ich dann nicke, beginnt er sofort, meinen Pfefferminzmokka zuzubereiten, extra heiß (»nuklear« nennt er das), mit fettarmer Milch und nur einem klitzekleinen bisschen Schlagsahne.

Manchmal kaufe ich zusätzlich auch einen Chai Tee Latte für meine Mama und bringe ihn ihr noch schnell ins Haus, an dem ich ja auf meiner Fahrt zur Arbeit vorbeikomme. Wenn ich das mache, gibt mir mein Kaffeeknabe die 50 Prozent Seniorenrabatt auf ihr Getränk, obwohl er unmöglich wissen kann, ob ich es tatsächlich für eine Seniorin kaufe oder bloß gern zwei Getränke zugleich trinke. Einmal jagte er mir auf den Ladenparkplatz nach, um mir mitzuteilen, dass ich mir mit der Vielkäuferkarte des Ladens einen Gratiskaffee verdient hätte. Er entschuldigte sich, weil er vergessen hatte, ihn mir auszugeben; er wolle mir nur sagen, dass mein nächster Kaffee gratis gehe.

Das sind alles relativ geringfügige Gesten, aber insgesamt summieren sie sich zu einem großartigen Kundenservice. Und eben deswegen wollte ich meinem Kaffeeknaben zur Weihnachtszeit danken. »Was kann ich jemandem kaufen, über den ich nichts weiß?«, fragte ich meine Chefin. Sie zuckte die Achseln. »Vielleicht feiert er ja gar nicht Weihnachten«, gab sie mir zu bedenken. »Vielleicht ist ein Weihnachtsgeschenk unangebracht.«

Zugegeben. Und trotzdem musste ich ihn wissen lassen, dass seine Liebenswürdigkeit häufig für meinen Tagesverlauf tonangebend ist. Allmorgendlich gehe ich mit meinem extra heißen, fettarmen Pfefferminzmokka in der Hand wieder zu meinem Auto zurück, erwärmt von seiner Aufmerksamkeit und berührt von seiner Liebenswürdigkeit.

»Vielleicht hat ja er etwas für Sie übrig«, frotzelte meine Chefin. Ich tat aber die Bemerkung rasch ab. Mein Kaffeeknabe kann keinen Tag über einundzwanzig sein. Ich könnte ohne Weiteres seine viel, viel ältere Schwester sein. Nein, hier ging es nicht um Anziehung, um den Versuch, Punkte zu machen, ums Umgarnen oder sonst was. Er war einfach ein liebenswürdiger Mensch. Und ich wollte mich bedanken.

Meine Wahl fiel schließlich auf eine Geschenkkarte für einen örtlichen Buch- und Plattenladen. Sicherlich würde er dort etwas finden können, das ihm gefiel. Ich steckte das Geschenk in eine unverfänglich unspezifische »Frohe Festtage!«-Faltkarte und schrieb auf die Innenseite: »Danke für Ihre herzliche Art und den großartigen Kundenservice, den Sie das ganze Jahr über bieten.« Ich unterschrieb es mit: »Die Pfefferminzmokka-Latte-Lady.«

Am Heiligabend erschien ich morgens zu meiner üblichen unchristlichen Stunde, aber nicht in meinem typischen verschlafenen Zustand. Mir war ein wenig schwindelig vor freudiger Erwartung; es war doch recht aufregend, den Tag meines Kaffeeknaben aufzuheitern, genau wie er den meinen so oft aufgeheitert hatte. Während er meinen Pfefferminzmokka zubereitete, schmuggelte ich die Karte zur Rückseite der Kasse hin, wo er sie nach meinem Weggehen mit Sicherheit finden würde.

Als er mir mein Getränk reichte, bat er mich, noch einen Moment zu warten. Dann langte er unter den Tresen und reichte mir eine als Geschenk verpackte Schachtel Pralinen mit einer Briefkarte. »Ich wollte mich bloß bedanken«, stammelte er linkisch lächelnd. Wie bitte? Er dankte MIR? Dann wünschte er mir, angesichts meiner klar erkennbaren Sprachlosigkeit, ein frohes Fest und kehrte zur wachsenden Schlange seiner Kunden zurück.

Im Vordämmerungsdunkel meines Wagens knipste ich das Licht an und öffnete den Umschlag. Es war eine Weihnachtskarte. Auf der Innenseite stand gedruckt: »Ein Weihnachtswunsch, einfach um Dir zu zeigen, wie schön es ist, Dich zu kennen.« Handschriftlich hatte er hinzugefügt: »Danke, dass

Sie immer so nett sind. Das macht unseren Job leicht, zumal wenn alle anderen so miesepetrig sind. Frohe Weihnachten.«

Ich dachte an die Karte, die ich hinter seiner Kasse versteckt zurückgelassen hatte, und musste unwillkürlich lächeln.

Das war wirklich ein sehr mokkamäßiges Weihnachten.

Eileen Mitchell

Hütet euch vor Tee-Liebhabern!

In alle Ewigkeit: die Zeit, die erforderlich ist, um morgens die erste Kanne Kaffee zuzubereiten.

Verfasser unbekannt

Ich liebe Kaffee, jede Art von Kaffee, sofern er nicht zu stark, zu schwach, zu alt und kein Espresso ist.

Mein Mann hingegen ist ein Espressofanatiker. Trotz Bluthochdrucks, eines launenhaften Naturells und beschränkter finanzieller Mittel kauft er wagenladungsweise Espressokaffee. Unsere Tiefkühltruhe enthält Caffè Busto Espresso, Kona Estates Espresso, kolumbianischen Espresso, nicaraguanischen Espresso, nigerianischen Espresso und North Dakota Espresso. Er könnte einen Laden aufmachen. Ich sage ihm, dass ich für mich beanspruche, vor ihm zu sterben, weil ich nicht all das trinken müssen will, was er hinterlassen wird.

Meine Tochter wiederum ist ein Teefreak. Ihre Vorratsschränke sind so vollgestopft mit Tee wie unsere Tiefkühltruhe mit

Espresso. Sie missioniert in Sachen Tee. »Mama, Kaffee ist nicht gut für dich«, meint sie.

»Erzähl das mal deinem Vater«, erwidere ich, während sie einen klitschigen Teebeutel in meine Kaffeetasse ablädt.

»Der wird weghören«, sagt sie.

»Ach ja?«, sage ich.

Aber vielleicht hat sie ja Recht, befinde ich. Die Rotkreuzschwester in der Blutbank sagte mir letzten Donnerstag, dass mein Blutdruck grenzwertig sei. »Sie sollten das im Auge behalten«, sagte sie. »Sie sind eine unserer Stammspenderinnen, aber Sie werden nicht mehr spenden können, wenn ihr Druck noch höher ansteigt.« Also, das wäre eine Tragödie. Ich trage einfach furchtbar gern diesen kleinen Sticker, auf dem steht: »Seid nett zu mir – ich habe heute Blut gespendet.« Niemand hält sich da je dran, aber die Botschaft ist tröstlich.

»Grüner Tee«, befindet meine Tochter. »Du siehst alt aus. Der grüne enthält eine Menge Antioxidantien, weißt du.«

Ich sehe alt aus. Na toll. Ich liebe dich auch.

»Grüner Tee?«, fragt die Verkäuferin im *Shop 'n Save*-Lebensmittelmarkt. »Was ist das?« Auch sie sieht alt aus.

Als meine liebe Tochter das nächste Mal aus New Jersey kommt, bringt sie grünen Tee mit, schachtelweise. Ihr Rücksitz ist ganz voll davon. Sie lässt ihre Koffer in der Vorhalle stehen. Sie zieht nicht einmal den Mantel aus. Sie bringt das Wasser zum Kochen – das Erhitzen des Teewassers in der Mikrowelle kommt für sie nicht infrage! Sie gibt einen Beutel Barry's Green Tea in meine Tasse. (»Das wirklich Echte«, sagt sie. Dass Tee in Irland wächst, war mir neu.) Sie schenkt das

Wasser ein. Ich sehe zu, wie sich das Wasser blassgrün färbt. Es riecht ziemlich gut. Ich warte, bis sich das Ganze ein kleines bisschen abgekühlt hat, und nehme ein Schlückchen. Nicht schlecht, befinde ich. Ich trinke eine ganze Tasse grünen Tee.

Ich trinke eine zweite. Und eine weitere (neuer Beutel). Und dann noch eine.

Ich sehe mit jeder Minute jünger aus.

Dreieinhalb Minuten nach meiner vierten Tasse grünen Tees beginnt mein linker Oberarm zu jucken. Seltsam.

Dann mein rechter Arm. Schlimmer als seltsam. Dann mein oberer Rücken und die Innenseite meines rechten Schenkels. »Dein Gesicht sieht komisch aus«, bemerkt meine Tee trinkende Tochter.

Ich fühle mich komisch.

Ich gehe ins Bad und schaue in den Spiegel. Ich habe die Masern. Windpocken. Scharlach. Allerdings sehe ich tatsächlich jünger aus – wie ein Kind, das sich sechs verschiedene Kinderkrankheiten zugezogen hat.

Nun, um es zusammenzufassen: Mein Körper ist ein einziges großes – altes – Bündel Ausschlag. Ich habe Ausschlag auf meinen Fußsohlen. Ich habe Ausschlag in meinen Haaren. Ich habe Ausschlag an Stellen, von denen ich nicht wusste, dass sich dort ein Ausschlag entwickeln kann. Und es juckt mich.

Der Apotheker lächelt verkniffen, sehr verkniffen, weil es ihm schwerfällt, nicht zu lachen. »Japp«, sagt er, »muss von was kommen, das Sie gegessen haben.« Jetzt lacht er doch. »Entweder davon«, sagt er, »oder Sie sind gegen Luft allergisch.«

»Ha, ha, ha«, sage ich. »Geben Sie mir dieses Kortisonspray. Geben Sie mir sechs Flaschen von diesem Kortisonspray. Stellen Sie's meinem Mann in Rechnung.« Später lacht auch der, nach einem einzigen Blick auf mich, prustend los.

Ich öffne die erste Sprayflasche, bevor noch mein Wagen in Sichtweite kommt. Ich denke daran, das Zeug zu trinken, beherrsche mich aber und besprühe mein Gesicht. Ahh! Gleich da auf dem Bürgersteig besprühe ich meine Hände. Ich fange an, meine Beine zu besprühen, bevor ich die Wagentür zukriege.

Es kümmert mich nicht mehr. Kaffee! Latte, Cappuccino, mit Betelnuss gewürzter, mit Ingwer, Zimt und Dosenpfirsichstückchen angereicherter, ja sogar Espresso, wenn wirklich Not am Mann ist und ich mir die Nase zuhalten kann. Bluthochdruck oder kein Bluthochdruck, Rotes Kreuz oder kein Rotes Kreuz, Tochter oder keine Tochter – ich bin wieder beim Kaffee.

Barbara Smith

Kaffeetassen

Die morgendliche Tasse Kaffee geht mit einem Hochgefühl einher, dessen abermalige Herbeiführung man von der nachmittäglichen oder abendlichen Tasse Tee nicht erwarten kann, so heiter stimmend deren Einfluss auch ist.

Oliver Wendell Holmes sen.

In meiner norditalienischen Familie erhielten die Frauen traditionsgemäß, nachdem sie »dignità« erreicht hatten, also Würde besaßen – das hieß: irgendwann nach dem fünfundfünfzigsten Lebensjahr – ganz informell und unangekündigt eine Porzellantasse. Ich hielt die Betreffenden zwar durchaus nicht für alt, aber diese Sache mit der Tasse schien so etwas wie ein unausgesprochener Ritus zu sein für den Übergang zu einer ganz bestimmten Bewusstseinslage, einem ganz bestimmten Punkt im Leben, einer ganz bestimmten Stufe.

Als Kind war ich völlig irritiert und verwirrt davon, mit welcher Sturheit meine Nonna – meine italienische Oma – an ihrer Tasse und ihren Kaffeeritualen hing. Als die Instantvariante auf den Markt kam, kauften die Frauen sie grundsätzlich nie, selbst wenn sonst nichts im Angebot war. Der Kaffee musste gebrüht, aufgekocht oder espressomäßig zubereitet werden, stark und kräftig, unter Hinzugabe von zwei Teelöffeln Zucker. Leute, die »schwachen« Kaffee machten, waren ihnen verdächtig.

Nonna trank ihre »Später-am-Tag«-Tasse Kaffee in »der Tasse«, nicht der dickwandigen weißen, angeschlagenen Tasse, die sie für ihre Sonnenaufgangs-Tasse Kaffee verwendete. Die Tasse war mit zart gemalten Veilchen, Nonnas lebenslangem Kennzeichen, überzogen. Noch verwirrender war die innige, mysteriöse Haltung, die sie einnahm, wenn sie die Tasse gebrauchte. Sie saß dann still und regungslos da, tief in Gedanken versunken, und hielt sie sich unter die Nase, während sie zum Fenster hinausstarrte. Beim Trinken atmete sie erst das Aroma ein, die Augen halb geschlossen, und summte: »Da Caffè's gut heute.« Ihr kleiner, leicht gekrümmter Finger zeigte, wie ein halber Schmetterling in der Schwebe gehalten, abgestreckt nach oben. Allen meinerseits unternommenen Bemühungen, während dieser Verschmelzung von Gemüt und Tasse ihre Aufmerksamkeit auf mich zu lenken, wurde mit der leichten und langsamen Wendung des Kopfs und dem schwarzen Starrblick eines Mörderhais begegnet.

Zu einem bestimmten Zeitpunkt tauchte in der Küche meiner Tante eine Porzellantasse auf. Ihre Tasse hatte ein Dekor aus rosa Apfelblüten. Sie war eine sehr kleine, zarte und feminine Frau. Dann kam das Maiglöckchendekor meiner Mutter. Sie liebte die *Anmut* der Blume und war sehr davon angetan, dass weibliche *Heilige* häufig mit einem Strauß in der Hand abgebildet wurden, beides Eigenschaften, die sie immer hatte haben wollen und nie erlangt hatte. Dafür war sie viel zu quirlig. Alle Frauen hielten die Porzellantassen auf die gleiche Art, zierlicher Schmetterlingsfinger, begleitet von jenem versonnenen Blick. Sie spülten und trockneten sie mit großer Sorgfalt ab und waren sehr bedacht darauf, sie an einen sicheren Platz wegzustellen. Gelegentlich war ich als die Kaffeesklavin genötigt, sie für meine Mutter ausfindig zu machen, herzuholen und zu füllen. Das ganze Ritual war eine aromatische Langweiligkeit, aber beim Aushändigen des Produkts spulte ich gern die wiederholte Platte ab.

»So – was ist denn so besonders daran?«, fragte ich sie. Manchmal bekam ich eine Antwort statt nur eines durchdringenden Blicks, aber die lautete immer gleich.

»Du bist zu jung, um zu verstehen«, sagte sie wehmütig. »Eines Tages wirst du's.«

Im Lauf der Jahre kauften Verwandte, befreundete Personen und Ehegatten den jeweiligen Frauen Tassen und fingen sogar an, Sammlungen für sie anzulegen. Aber die Stücke wurden unbenutzt in irgendwelche Regale gestellt. Es gab jeweils nur eben jene *eine* Lieblingstasse. Nach dem Dahinscheiden der Frauen verschwanden auch deren Tassen.

Vor mehreren Sommern, auf einer Reise durch den Süden, verfiel ich unwillkürlich darauf, in all jenen wundervollen abgelegenen, in Kleinstadtgassen versteckten Läden nach einer Tasse zu suchen. Ich fand eine in Arkansas. Sie war papierdünn und mit englischen Wildblumen bemalt – Glockenblumen,

Rittersporn, Heckenrosen, Vergissmeinnicht und leuchtend gelben Strohblumen. Beim Wandern in meinem Heimatstaat New Mexico schätze ich die wilden, von diesen Geschenken übersäten Gebirgswiesen sehr.

Nach Art der Frauen in meiner Familie trinke ich aus keiner anderen und atme – den Finger gekrümmt und wie ein Schmetterling in der Schwebe gehalten – das Aroma ein. Ich starre weg in die Ferne mit jenem versonnenen Blick, an den ich mich so gut erinnere. Ich kenne jetzt das Geheimnis ihrer Gedanken.

Ich denke an die vergangene Zeit, weil ich über genügend Vergangenheit zum Darandenken verfüge. Ich kann mir selbst meine vielen, beim Großziehen meiner Töchter begangenen Fehler verzeihen, mich an meinem Leben erfreuen, Nonna vermissen, meine Mutter, meine Tante und jetzt erkennen, welch riesige Geschenke sie mir gaben. Getröstet durch die von mir getroffenen Entscheidungen, akzeptiere ich vollauf die hinter mir liegende Wegstrecke und freue mich auf die Zukunft, gestärkt durch jene geduldig durchhaltenden Frauen, die vor mir dahingegangen sind. Ich bin dankbar für das, was ich habe, weiß, dass ich geliebt werde, und erwidere diese Liebe. In jenen zutiefst persönlichen und umhegten einsamen Momenten denke ich an meinen Mann, meine Kinder, meine Freunde, mein Leben und fühle mich unermesslich reich, wobei ich diesen Reichtum aus meiner eigenen besonderen Tasse trinke. Ich weiß, dass sie eine einzige schöne, unersetzliche und zerbrechliche Sache symbolisiert – mein eigenes Leben. Ich habe es gut gelebt, habe von mir selbst gegeben, mich angestrengt bemüht, bin hingefallen, aufgestanden und habe wieder Kräfte gesammelt, so viele Male. Ebenjene sehr schwierigen Stellen sind es, die mir meine Würde gegeben haben, aber die geliebten Frauen in meinem Leben zeigten mir, auf welche Weise man derlei Prüfungen verkraftet.

Ich beschaffte und kaufte mir meine Tasse für mich selbst, für keine andere. Ich teile sie mit niemandem. Das war keine notwendige Ausgabe, wohingegen ich Jahre damit verbracht habe, das Notwendige und das Erlesene für alle anderen in meinem Leben zu kaufen. Diese Tasse symbolisiert tagtäglich eine »Ich-zuerst«-Deklaration. Ich habe sie ganz allein ausgesucht. Ich habe niemanden um seine Meinung oder Erlaubnis gebeten. Ich kümmere mich selbst um sie. Im Unterschied zu meiner Mutter verlange ich nicht, dass meine Töchter Kaffeesklavinnen werden, aber gelegentlich bringen sie mir eine Tasse Kaffee. Und mein Mann ebenso – an den Wochenenden, ans Bett, zusammen mit der Zeitung.

Eines Tages wird die Tasse wieder in die weite Welt zurückgehen, und sie wird nicht meinen Töchtern oder Enkelinnen gehören. Sie werden sich selbst eine beschaffen.

Isabel Bearman Bucher

Koffeinfurie: eine finstere Röstung

Fast alle meine Bekannten mittleren oder höheren Alters, ich mit eingeschlossen, fühlen sich wie um die fünfundzwanzig, außer wenn wir noch nicht unseren Kaffee getrunken haben; dann fühlen wir uns nämlich wie 107.

Martha Beck

Mittwochmorgen, 6 Uhr früh. Meine geistlose Morgenroutine nahm ihren vertrauten Verlauf, als ich mir eine Schneise in meine frostige Küche bahnte: zuerst den durchfeuchteten, aufgequollenen Kaffeesatz in den Müll werfen, den Filter austauschen, die genau richtige Menge (plus einen extra Schuss) vom Columbian Extra Dark abmessen, das Kaffeepulver in den Filter löffeln, den Wasserbehälter mit gefiltertem Wasser befüllen, auf den »Ein«-Knopf drücken … drücken … drücken …

»Neiiiiiin!«, hörte ich meine eigene klägliche Stimme in

der frühmorgendlichen Dunkelheit widerhallen. »Nicht heute Morgen! Gib jetzt nicht den Geist auf! Bitte. Ich brauche dich!«

Wieder und wieder drückte ich den »Ein«-Knopf der Kaffeemaschine wie eine schlechte Schauspielerin, die verzweifelt einen sterbenden Geliebten aufstachelt.

»Nein! Das kann nicht sein! Noch gestern warst du ganz in Ordnung! Du bist zu neu, um den Geist aufzugeben. Du bist erst, na wie viel ... fünf, vielleicht sechs Jahre alt? Für die einer Kaffeemaschine ist das grade mal Halbzeit!«

Impuls geben. Impuls geben. Impuls geben. Ich versuchte, das Kleingerät mittels einer hirnverbrannten KPR-Variante (nämlich der Kaffee-Perkolator-Reanimierung) wiederzubeleben. Fieberhaft suchten meine glasigen Augen die Küche nach einem Grund für das Geräteversagen ab. War mein (liebevoll »Joe« genannter) Mister Coffee möglicherweise einfach nur ausgesteckt? Verstopft? Mein Ohr an Joes Herz legend, horchte ich angestrengt auf nur einen einzigen Blubberlaut. Auf bloß ein einziges vertrautes Zischen. »Da! Etwa doch? Nein ...« Das war nur der Kühlschrank, der gleich daneben, mit leisem und stetigem Gesumm, am Leben war und atmete.

Ich musste der Wirklichkeit ins Auge sehen. Joe war hinüber. Zeternd eilte ich den Flur zu unserem Schlafzimmer hinunter und beutelte meinen schlafenden Mann wie einen weichen Spüllappen. »Schatz! Wach auf! Es ist was Dringendes! Joe ist hin! Nur du kannst noch helfen!« Mein Mann gähnte, rollte sich in unseren Bettlaken zusammen – und schnarchte. Durch meinen Benommenheitsnebel hindurch hatte ich plötzlich eine Eingebung. Es fiel mir ein, dass mein Mann Joe nie wirklich gemocht hatte. Immer sagte, er brauche mit dem Brühen zu lang. Tropfe zu viel. Mache dieses wirklich laute ätzende Geräusch.

Hmmmmmm. »Du hast Joe ermordet!«, wetterte ich und zog dabei die Bettlaken von meinem Mann wie ein altes Heftpflaster ab. Aua. »Du hast diese Kaffeemaschine immer gehasst. Du wolltest irgend so eine neumodische Espressomaschine!«, beschuldigte ich meinen halb schlafenden Mann. Dann verwandelte ich mich in ein direkt aus *Krieg der Welten* stammendes Geschöpf. Feuer sprühte aus meinen gierigen Augen. Gift tropfte von meinen krankenhaft zuckenden Lippen. Eine knappe Handbreit vor dem begriffsstutzigen Gesicht meines Mannes schäumte ich: »Ich ... kann ... keinen Kaffee ... trinken!« Der schlaftrunkene, halb nackte Mann im Bett hob ansatzweise die müden Lider und erwiderte: »Vielleicht ist ja [gähn] eine Sicherung durchgebrannt.«

Erleichtert richtete ich mich auf und atmete einmal tief und reinigend durch. Dann schnurrte ich: »Sicherung? Eine Sicherung! Das klingt logisch. Und das kann man also reparieren? Möglichst noch rechtzeitig, bis mein Zimt-und-Rosinen-Vollkorntoast fertig getoastet ist?«

Mein lieber Mann wälzte sich aus dem Bett und latschte die Kellertreppe hinunter. Zehn Minuten später fand er mich auf der Veranda vor, wo ich, wohlig entspannt in meinem Sessel aus amerikanischer Rotfichte sitzend, einen strahlend magentaroten Sonnenaufgang genoss. Schlückchenweise ein starkes, dunkles Gebräu aus meiner Lieblingstasse trinkend (auf der übrigens »Hinter jeder erfolgreichen Frau steckt eine gehaltvolle Tasse Kaffee« steht), blickte ich meinen Mann liebevoll an. Wie ein Held aus einem alten Western schlenderte er auf mich zu und gab mir einen sanften Kuss auf meine rosige Wange. Ihn anzwinkernd fragte ich: »Schatz, hast du diese bemitleidenswerte Frau erkannt, die heute Morgen durchs Haus zeterte und unsinniges Zeug über das Ermorden ihrer Kaffeemaschine faselte?«

»Welche Frau?«, erwiderte mein Mann und gab mir einen weiteren seiner glatt rasierten Küsse. »Ich hab' keine Ahnung, wer diese Frau war. Allerdings hoffe ich nur, dass eine bestimmte bemitleidenswerte, koffeinwütige Frau nie mit einem bestimmten bemitleidenswerten Footballfan-Typ konfrontiert wird, dem während des großen Spiels seine Fernbedienung abhandenkommt. Also, das … wäre finster.«

Cristy L. Trandahl

Wer will als Erster ran?

Kopi Luwak ist ein hochgeschätzter Spitzenkaffee und einer der weltweit teuersten. Er ist ein gehaltvoller, weicher Kaffee mit einer erdigen, süßlichen Textur und einem leicht schokoladigen Beigeschmack. Auf den Philippinen werden jährlich nur 1100 Pfund Luwak-Kaffee produziert. Angebot und Nachfrage treiben die Preise enorm in die Höhe, sodass man für ein Pfund mehrere Hundert Dollar veranschlagen muss.

Was macht den Kopi Luwak so speziell? Da kommen Sie nie drauf! Die indonesischen Inseln Sumatra, Java und Sulawesi sind die Heimat eines nachtaktiven, auf Bäume kletternden katzenartigen Tiers, der so genannten Zibetkatze (Luwak). Diese Schleichkatzen durchstreifen nachts Kaffeeplantagen, um dort die feinsten gereiften Kaffeekirschen abzupflücken und zu verzehren. Nun kann aber die Zibetkatze nur deren Fruchtfleisch verdauen und scheidet daher die Bohnen selbst weitestgehend unzerstört und ganz wieder aus. Diese »Verdauungsreste« werden allmorgendlich vom Boden aufgelesen und eingesammelt.

Die Bohnen werden vor der Weiterverarbeitung gewaschen und sorgfältig gereinigt. Forschungsergebnisse legen nahe, dass die Bohnen beim Durchwandern durch den Verdauungstrakt der Zibetkatze leicht angedaut werden. Man vermutet, dass ein enzymatischer Prozess einige der Proteine abbaut, was zu einem weniger bitteren Kaffee führt, oder dass möglicherweise eine Milchsäurefermentierung ein diesbezüglicher Faktor ist. Versuche, den natürlichen Prozess im Labor nachzuahmen, hatten bislang keinen Erfolg.

Kopi Luwak kann über Spezialitätenimporteure bezogen oder online direkt bei den Pflanzern und Erzeugern in Indonesien eingekauft werden.

Um aus Ihren Bohnen eine perfekte Tasse Kaffee – nach indonesischer Art – zuzubereiten: Geben Sie einen halben Teelöffel fein gemahlener Bohnen in eine Tasse, gießen Sie kochendes Wasser über das Kaffeepulver, rühren Sie um und lassen Sie es sich setzen, bevor Sie trinken. Bon appétit!

Mokkavernarrtheit

In meinem nächsten Leben möchte ich groß und dünn sein,
das Rückwärtseinparken beherrschen und
guten Kaffee machen können.

Paula Danziger

Möchtest du'n Mokka?», fragt mein Mann, während er links auf den Parkplatz eines Starbucks-Coffeeshops einbiegt.

Möchte ich, dass mir ein exquisites Gemisch aus Espresso, aufgeschäumter Milch und Schokolade die Kehle hinuntergleitet? »Nein«, sage ich mit möglichst entschlossenem Unterton.

»Du willst dir einen Mokka entgehen lassen? Ich bezahl' ihn auch«, sagt Ray und manövriert unseren Toyota Prius geschickt zwischen einen Ford Explorer und einen Honda-Geländewagen.

Er ist in Spendierlaune, und normalerweise würde ich das ausnutzen. Aber selbst wenn ich einen fettfreien, ohne Sahne, bestelle, kann ich mich noch immer auf eine Menge Kalorien gefasst machen. Ich will mir nicht mit zu vielen weiteren Mokkas eine größere Kleidergröße antrinken.

»Einer kann nicht schaden«, sagt er. Unausgesprochen teilt er mir damit mit, dass wir, wenn ich gemeinsam mit ihm nachgebe – theoretisch ist nämlich auch er auf Diät –, nicht nur was zum Trinken kriegen, sondern uns auch ein Gebäckstück teilen werden. Er ist verrückt nach fast jeder Art von Gebäck.

Es ist grausam von ihm, mich zu drängen. Ich kann nicht sehr lange widerstehen. Jahrelang trank ich keinerlei Kaffee. Machte mir nichts aus dem Geschmack, ob Sie es glauben oder nicht. Ich mochte nichts Kaffeehaltiges, von Kaffee-Eiskrem bis zum Tiramisu. Dann entdeckte ich Mokkas. Die letzten zehn Pfund Gewichtszunahme sind Geschichte.

»Schokolade ist gut für dich, weißt du.« Ray fährt jetzt seine schweren Geschütze auf. Sünder mögen Gesellschaft. Na freilich ist mir die These bekannt, dass eine kleine Tagesmenge Zartbitterschokolade gut für uns ist. Zwei Teelöffel davon, glaube ich. Wie viel ist das umgerechnet in italienischen Schokosirup?

Und so sehr ich Mokkas auch liebe – dass sie meiner Gesundheit förderlich sind, kann ich nicht wirklich glaubwürdig vertreten. Jedenfalls, was meine körperliche Gesundheit anbelangt. Ich kann nicht einen Mokka auf die eine Seite einer Wiegebalkenwaage stellen, einen Teller frisches Gemüse auf die andere und dann ein Gleichgewicht erwarten. Obwohl ich die Mokkas, um das noch anzumerken, im Hinblick auf meine psychische Gesundheit durchaus für höchst bekömmlich halte.

Da ich Mokkas nun mal so sehr mag, hätte ich theoretisch ja ab und an einen kleinen Mokka trinken und bei anderen Kohlenhydraten, gesättigten Fetten und Zucker zurückstecken können. Da es eine einfache Frage der Kalorien ist, könnte ich mich hinsetzen und das alles ausrechnen. Aber das habe ich bis jetzt noch nicht gemacht, und daher sollte ich mir Mokka heute lieber verkneifen. Na komm schon, Mädel, denke ich bei mir. Beweise ein bisschen Willenskraft. Ich kann doch sicher stärker sein als ein heißes – oder hin und wieder kaltes – Kaffeegetränk.

Ich stärke mich mit dem Gedanken, dass ich auf jeden Fall Geld spare, wenn ich keine Mokkas kaufe. Heute wird zwar Ray bezahlen, aber normalerweise bin ich es, die ihre Kreditkarte über den Tresen hinreicht. Wenn ich einen Monat lang ganz auf Mokkas verzichte, spare ich bestimmt so viel, dass ich mir ein neues Hemd kaufen oder zur Pediküre gehen kann. Sechs Monate, und ich kann uns ein Wochenende an der Küste spendieren. Ich stelle mir einen ruhigen Strand vor – wie das Wasser sanft an meine Fußknöchel schlägt, die rote Sonne über einem friedlichen Ozean untergeht. In meiner Fantasie nehme ich Rays Hand und hebe mein Gesicht an, um ihn auf die Wange zu küssen. Was könnte besser sein als ein Augenblick reiner Romantik?

Ray packt den Türdrücker und öffnet klickend die Eingangstür. Das Geräusch zerschlägt meine Träumerei. Wird das nun eine Strandromantik – oder ein Getränk, das so verführerisch ist wie eine warme Sommernacht, so weich wie Seide? »Ich will doch einen Mokka«, schreie ich, seinen Arm umklammernd. »Grande. Brève. Keine Sahne.«

Samantha Ducloux Waltz

»Wir sind Kaffee-Liebhaber. Das ist unser Sohn – Juan Valdez.«

Sie sind nicht wegen des Kaffees da

Kaffee: Wir können ihn überall bekommen und uns damit ganz nach Belieben volltanken, bis zu einem Zeitpunkt, wo wir mit den Zähnen klappern, uns die Augen hervortreten und wir Unsinn brabbeln, solchermaßen, dass wir womöglich als unfähig eingestuft werden, schwere Maschinen zu bedienen.

Joan Frank

Es ist einer der seltenen Vormittage, die ich frei habe, und ich nutze die Gelegenheit zu einem kurzen Spaziergang im Einkaufszentrum. Auf dem Nachhauseweg mache ich bei McDonald's zum Frühstücken Halt. Beim Betreten des Speiseraums blinzle ich verwundert mit den Augen. Das Restaurant ist fast voll besetzt mit Angehörigen aus der Seniorengruppe. Silberhaarige Paare sitzen einander gegenüber, manche mit dem Lächeln Jungvermählter. Um andere Tische sind Trauben von Männern versammelt, die sich gegenseitig frotzeln und Geschichten austauschen. Das sind hier die Stammkunden; ich bin die Außenseiterin. Ich bin in eine lebenssprühende Gesellschaft hereingeplatzt, die wir Vollzeitbeschäftigten nur selten zu Gesicht bekommen – die Senioren-Coffee-House-Gemeinschaft.

»He, Chuck, was Neues zu melden?«, sagt ein Typ mit rubinroten Wangen.

»Nicht viel«, sagt Chuck und streift seinen Mantel ab, bevor er in der Sitzecke Platz nimmt. Er komplettiert eine Viererrunde Männer um den Tisch. »Und wie steht's bei dir?«

»Kann mich nicht beklagen. Würd' auch nichts bringen, wenn ich's täte.« Sie trinken Kaffee und hauen in ihre Frühstückssandwiches rein.

»Hattest du einen Stromausfall nach diesem Unwetter letzte Nacht?«

»Ein paar Stunden lang. Und du?«

Oben am Tresen warte ich auf meine Bestellung, und ein anderer Gentleman kommt mit seiner Kaffeetasse in der Hand heran. »Hallo, Mary. Machst du auch keinen Unfug?«

Die junge Serviererin lächelt. »Nö. Hab' keine Zeit für Unfug.«

Kopfschüttelnd schenkt er sich selbst eine Tasse ein. »Wie schade.« Er kichert über seinen eigenen Scherz. Auf dem Rückweg zu seinem Tisch winkt er einem Paar zu. Der Mann und die Frau grinsen ihn beide an und winken zurück.

Vor fünfzig Jahren haben diese Leute sich wohl immer in der örtlichen Bar oder auf einer Bürgerversammlung freudig begrüßt. Gut möglich, dass sie seinerzeit im Park plauderten, während ihre Kinder spielten, oder in einem Verein zusammen gekegelt haben. Heute teilen sie ihre Zeit in einem Fast-Food-

Restaurant. Aber sie sind nicht wegen des Seniorenrabatts hier. Und es ist schön, dass sie kostenlos Kaffee nachgeschenkt bekommen, aber das hat sie nicht hierhergebracht. Sie sind hier wegen der Gemeinschaft, die sie gebildet haben, indem sie sich entschieden, Stammgäste zu werden.

Träfe Chuck am Vormittag nicht zu seiner Tasse Kaffee ein, würde ihn einer seiner Kumpel mit Sicherheit anrufen. Seine Kinder mögen ja weggezogen sein, aber seine Freunde sind in der neuen Kneipe zur Stelle, um sich nach seinem Tag zu erkundigen und zu erfahren, wie es ihm geht. Sie hören sich seine Geschichten an und lachen über seine Scherze, wie das Freunde eben tun. Er kann sich darauf verlassen, dass sie bei seinen Kümmernissen mitfühlen und sich bei seinen Freuden mitfreuen. Und er verhält sich ihnen gegenüber genauso.

An jenen Vormittagen hört jenes Lokal auf, einfach nur ein weiteres Fast-Food-Restaurant in der Shoppingmeile zu sein. Es wird ein Zufluchtsort: Die Welt bleibt außen vor, und drinnen herrscht gute Kameradschaft; so können die Stammgäste hier sie selbst sein und ihre gegenseitige Gesellschaft genießen. Ich war an jenem Tag die einzige Person allein an einem Tisch, aber das war okay. Ich freute mich für sie, dass sie nicht allein waren. Vielleicht sind sie ja am Anfang ins MacDonald's gekommen, weil sie ein Frühstück und eine Tasse Kaffee suchten, aber sie erlangten viel mehr. Sie schlossen sich zu einer Gemeinschaft von Freunden zusammen.

Debra Weaver

Zu bewahrende Erinnerungen

Schwarzer Kaffee muss stark und sehr heiß sein;
falls starker Kaffee Ihnen nicht zusagt,
dann trinken Sie eben keinen schwarzen Kaffee!
Und falls Sie keinen schwarzen Kaffee trinken,
dann trinken Sie eben gar keinen Kaffee!

André Simon

Meine schon etwas betagte Tante Ann war jemand ganz Besonderes für mich. Sie bezahlte meine Hochschulausbildung zu einer Zeit, als mein Vater sich mit dem Verlust seines Arbeitsplatzes herumschlug und Mama unsere Alleinverdienerin war. Das bedeutete, dass ich mein Studium ohne die Belastung eines studentischen Darlehens absolvierte. Als ich Tante Ann fragte, weshalb sie denn so großzügig gewesen sei, zuckte sie bloß die Achseln und blickte über mich hinaus, so, als ob sie irgendwelche alten Erinnerungen anvisierte.

»Ich hatte nie eigene Kinder«, sagte sie und ließ ein mildes

Lächeln aufblitzen. Ihre Hände nahmen die Handarbeit auf, und sie begann zu sticken. »Ich wollte wohl für Pegs Tochter ein Segen sein.« Peg war meine Mama, und Tante Ann war eigentlich deren Tante und meine Großtante. Sie war schon lang aus ihrem Sekretärinnenjob bei der Elektrizitätsgesellschaft ausgeschieden, und sie hatte die ganzen Jahre seitdem ihr Geld gespart. Ich war sehr beeindruckt, dass sie sich entschieden hatte, ihren finanziellen Überschuss mit mir zu teilen. »Ich schulde dir viel«, äußerte ich vorsichtig, aber sie winkte mit ihrer runzligen Hand in der Luft, um meine Dankesäußerung zu stoppen.

»Wir sollten grundsätzlich versuchen, für andere ein Segen zu sein«, empfahl sie überzeugt. »Vor allem für die nächste Generation.« Sie seufzte. »Ihr jungen Leute könnt das weiterführen, was wir nicht mehr leisten können.«

Das war so typisch Tante Ann – an andere zuerst zu denken, bevor sie an sich dachte. Bis ihr Arthritis die Beine gelähmt und sie gezwungen hatte, mit ihrer ehrenamtlichen Tätigkeit aufzuhören, hatte sie ihr eigenes Haus in Stand gehalten und darin gewohnt. Wegen der Beweglichkeitsprobleme bestanden Mama und Papa darauf, dass sie bei uns, in unser Vorstadtdomizil einzog. Ich hatte gerade meinen Hochschulabschluss gemacht und wohnte zuhause, von wo aus ich nach einer Arbeitsstelle suchte. Jeden Morgen wartete ich schon, wenn Tante Ann aus ihrem Schlafzimmer im Parterre kam und mit ihrer Gehhilfe die etwas mühselige Strecke von ihrem Schlafzimmer durchs Wohnzimmer bis in unsere Küche zurücklegte. Dann setzten sie und ich uns hin und frühstückten zusammen, nachdem alle anderen bereits zur Arbeit weggefahren waren.

Tante Ann liebte ihren Morgenkaffee und ihre Frühstücksbrötchen. Das wurde meine inoffizielle Aufgabe im Haushalt – zweimal wöchentlich bei der Bäckerei vorbeizuschauen und dort Nachschub zu besorgen. Ihr Liebling war der typisch deutsche Stollen mit seinem butterreichen Teig, seinen Kirsch- und Ananasstückchen, Mandeln und Rosinen. Ich liebte den Zimtrührkuchen, den man in große Einzelstücke zerteilen konnte, die ich dick mit frischer Butter beschmierte und mit Hochgenuss hinunterschlang.

Diese süßen Sachen ergänzten wir immer mit dampfendem dunklem Kaffee. Während Tante Ann sich entspannte und Geschichten in der Morgenzeitung kommentierte, hielt ich die Kaffeekanne in Gang. In genau bemessener Menge gab ich gehäufte Teelöffel einer Hochland-Spezialmischung in die altmodische Perkolatorkanne. Bis heute kann ich den weißen Porzellanbehälter mit seinem aufgedruckten Dekor, einem kleinen Zweig blauer Blumen, vor mir sehen. Des Geschmacks wegen fügte ich dem Kaffeepulver noch eine Prise Salz hinzu, setzte wieder den Deckel drauf, entspannte mich dann in einem Sessel mit Holzlehne und ließ mir weiter mein Frühstücksbrötchen schmecken, während wir warteten, bis dieses gehaltvolle Gebräu ganz durchgelaufen war.

»Das schmeckt so gut«, sagte Tante Ann auf Deutsch seufzend, nachdem sie ihren ersten großen Schluck von meinem Kaffee getrunken hatte. Ich war in ihrer Muttersprache genügend bewandert, um zu verstehen, was sie da sagte. Ich wollte ihr auf diese unbedeutende Weise eine Freude machen, und ihre Anerkennung meines Bemühens gab mir immer das Gefühl, irgendwie ein bisschen gleichzuziehen. Ich hatte den Eindruck, als sei ich meinerseits wiederum für sie ein Segen, als Gegenleistung für alles, was sie für mich getan hatte. Es war eine einzige, aber bedeutsame Art und Weise, wie ich ihr zeigen konnte, dass mir sehr viel an ihr lag.

Ehrlich gesagt belebte uns unsere allmorgendliche gemeinsame Tasse Kaffee durch mehr als ihrem eigenen charakteristischen Geschmack. Ich stellte fest, dass wir beide – neben der Fülle feiner Kaffees, die wir während jener speziellen Frühstücke probierten – auch Erinnerungen teilten. Und jetzt, beim Zurückblicken auf jene Tage Jahrzehnte später, bin ich dankbar für die Zeit, die wir miteinander erlebten, jetzt, wo ich von meiner lieben Verwandten und Mentorin Tante Ann nur mehr ein gerahmtes Foto auf meinem Küchentresen habe.

Für mein Empfinden haben keine Frühstücke davor oder seitdem je so gut geschmeckt.

Cheryl Elaine Williams

Riecht nach Liebe

Ein Blatt flatterte heute Morgen, wie von den Strahlen der Sonne getragen, durchs Fenster herein, ein Vogel ließ sich auf der Feuerleiter nieder, Freude an der Aufgabe des Kaffeebereitens, Freude begleitete mich beim Gehen.

Anaïs Nin

Bestimmte Gerüche und Geräusche besitzen die Kraft, uns zu einem Ort und einer Zeit zurückzubringen, wo wir uns geborgen und wirklich zu Hause fühlten. Bei mir bewirkt das der Kaffee. Und was mir in den Sinn kommt, ist ein alter Perkolator. In unserem Haushalt liefen die Dinge nicht immer reibungslos. In manchen Nächten gab es Auseinandersetzungen, nachdem ich zu Bett gegangen war, und diese ängstigten mich als Kind. Aber dann kam ja immer der Morgen.

Meine Mutter und mein Vater standen grundsätzlich sehr früh auf. Mein Vater arbeitete im Baugewerbe, und seine Tage begannen häufig schon vor Sonnenaufgang. Oft erwachte ich im Vordämmerungsdunkel und hörte, wie sie sich zurechtmachten. Ich lag dann gemütlich und warm in mein Bett gekuschelt da. So früh am Morgen schien die ganze Welt ruhig zu sein, und ich lauschte den sanften Geräuschen von Schubladen, die herausgezogen und dann zugeschoben wurden, von Wandschranktüren, die leise geöffnet und geschlossen wurden, und den Geräuschen, die meine Mutter machte, wenn sie dann in die Küche ging, um das Frühstück für meinen Papa vorzubereiten.

Aber das erste Geräusch, das ich noch vor alledem hörte, stammte von dem Kaffeeperkolator, der abends zuvor fertig hergerichtet worden war. Ich erwachte beim Gluckergeräusch des Wassers, das im Metallröhrchen hochstieg und unter dem Glasdeckel blubberte. Das hüstelnde, schniefende Geräusch des ins Körbchen hinuntersickernden Wassers war Musik in meinen Ohren. Ich wusste, dass der Kaffee fertig sein würde, wenn meine Mutter die Küche betrat, ein starkes Gebräu, wie es mein Vater bevorzugte, und dass sie schon mal die erste Tasse für meinen Vater einschenken würde, damit diese akkurat parat stünde, wenn er zu seinem Frühstück hereinkam. Ich lag so lange wie möglich da und nahm das alles in mich auf: das Aroma, die Wärme, das Gefühl der Zufriedenheit. Ich lauschte dem Geräusch der Geborgenheit und Liebe, die, in Person meiner Eltern, nur einen guten Meter entfernt leise miteinander redeten.

Dann hörte ich immer die Schritte meiner Mutter, wenn sie den Flur herunterkam, sacht meine Tür öffnete und mir Bescheid gab, dass es Zeit sei, aufzustehen und den Tag zu beginnen. Und ich hatte die neuerliche Gewissheit, dass wir alle, meine Mutter, mein Vater und ich, okay waren und meine Welt wieder festgefügt war.

Meine Küche von heute hat allen modernen Komfort vorzuweisen, eine Kaffeemaschine selbstverständlich mit eingeschlossen. Aber keine dieser Gerätschaften gibt mir ein solches Gefühl der Geborgenheit, der Sicherheit, wie dies vor so vielen Jahren jener alte Perkolator tat.

Theresa Theiler

Kaffee im Pike Place Market

Er war meine Sahne, und ich war sein Kaffee –
und wenn man uns zusammenschüttete,
war das schon was.

Josephine Baker

Vier eingetopfte Erdbeerstauden starrten mich vorwurfsvoll an, aber ich schaffte es, sie zu ignorieren, während ich mich zum Auto begab. Die Einladung meiner Freundin war allzu verlockend. »Ich bin heute nach Norden unterwegs. Willst du dich mit mir zum Kaffee treffen?«

Ich brauchte eine Pause. Ich musste das Kochen, Backen, Saubermachen, Pflanzen und Ernten einfach mal sein lassen und mir ein paar Stunden Spazierengehen, Shoppen, Reden und Lachen stehlen. Und daher hatte ich auch keinerlei Schuldgefühle, als ich an besagten Topfstauden vorbeiging. Die Erdbeeren konnten warten. Ich hatte später noch alle Zeit der Welt, mich darum zu kümmern. Meine Freundin und ich hatten uns auf den Pike Place Market als günstigen Treff zum Kaffeetrinken geeinigt, weil er für uns beide auf halbem Weg lag.

Einmal dort angelangt, hatten wir noch einiges zu leisten, um tatsächlich zusammenzukommen. Nach nicht weniger als sechs Hin- und Her-Telefonaten mit dem Handy fanden wir einander, umarmten uns zur Begrüßung und tauchten in die erste Konditorei ab, auf die wir stießen.

Ein Raum voller warmem, gerade aus dem Ofen gekommenem Brot ... und Brötchen ... und Torten ... und Quiche ... und Blätterteiggebäck umfing uns. Fügen Sie noch das Aroma von French-Roast-Filterkaffee und -Espresso hinzu sowie auch die Geräusche von gerade aufgeschäumter Milch, angeregtem Geplauder und zu Tischen hinrückenden Stühlen, ahhh ... die reine Wonne.

Nach dem Begutachten der Gebäckvitrinen bestellte Sandra etwas zopfartig Gedrehtes, Zuckerglasiertes und mit Nüssen Bespicktes. Da ich kein Süßes-am-Morgen-Mensch bin, bestellte ich ein quadratisches, mit Schweizer Käse überkrustetes Plunderstück – eine Kreation, die so leicht, so zart war, dass sie bei jedem Biss in blättrige Teilchen zerbrach. Ich hätte zwölf essen können.

Wir wünschten unseren Kaffee in echten Tassen, nicht in Pappbechern. Sandra nahm ihren schwarz, aber ich bestellte eine Latte mit »Signatur«. Und ach, wie überlegen diese Latte meiner üblichen, an jeder Ecke zum Verkauf stehenden Tasse war! Ich finde es hinterhältig von mir, einen solchen Gedanken überhaupt zu denken, ja ihn gar noch niederzuschreiben, aber wie könnte man etwas so Offensichtliches nicht eingestehen?

Der Schaum war so voluminös, dass er meine Tasse teilweise außen bedeckte.

Jedes leichte Kippen an meine Lippen, jede Bewegung meines Handgelenks erzeugte ein neues Muster cremefarbener und brauner Wirbel auf der ganzen Oberfläche dieses dekadenten Gebräus. Die feinen Dampfschwaden, die mitten aus ihm aufstiegen, waren so mächtig gehaltvoll, dass ich nicht aufhören konnte zu schnuppern.

Sandra und ich sind befreundete Schriftstellerinnen. Ich schreibe für Erwachsene; sie schreibt für Kinder. Unsere Ehemänner sind beide als Geistliche tätig. Weil wir fast zwei Fahrtstunden voneinander entfernt wohnen, sehen wir einander nur selten. Auch diesmal hatten wir wieder mehrere Monate aufzuholen; da können Sie sich wahrscheinlich vorstellen, wie lebhaft es an unserem Tisch zuging.

Wir unterhielten uns zuerst übers Schreiben und die Projekte, die uns gerade beschäftigten, und die Schwierigkeiten, familiäre Erfordernisse und vertragliche schriftstellerische Verpflichtungen unter einen Hut zu bringen. Ich berichtete ihr von den Geschehnissen in meiner Kirchengemeinde und sie mir von denen im Altenzentrum ihres Mannes; und wir sprachen über die speziellen bittersüßen Eigentümlichkeiten des Pastorengattinnen-Daseins, und darüber, wie sehr wir uns wünschten, den Frauen, die wir betreuten, ein Bild der Anmut zu bieten.

Mit links schafften wir es, lachend und schlückchenweise trinkend eine geschlagene Stunde zu verplaudern. Wären wir dann auseinandergegangen, hätte mir das eigentlich schon gereicht. Ich hätte den kräftigen Atemzug frischer, Mut verleihender Luft getankt gehabt, dessentwegen ich eigentlich gekommen war. Aber wir trennten uns noch nicht.

Wir schlenderten durch den Markt, verglichen die Sträuße Strandflieder und frisch geschnittener Blumenschönheiten, die fast jeden dritten Stand schmückten, probierten dunkel glänzende Pralinen, lauschten den Straßenmusikanten, sahen den Fischhändlern zu, wie sie Lachse hin und her warfen, und erfreuten uns an ihrem fidelen Herumgebrülle. Wir bestaunten Leute und die mit Strass verzierten, wie Kunstwerke zur Schau gestellten Haufen aus Obst und Gemüse.

Sandra kaufte ein Glas Sauerkirschmarmelade, ein halbes Pfund eingelegte rote Zwiebeln sowie fünf Backhähnchenteile, die sie fürs Abendessen aufzuheben gelobte. Ich kaufte ein Pfund Rosenkohl, drei Pfund mehlige Yukon-Kartoffeln und einen prächtigen Herbststrauß aus burgunderroten Zinnien, buttergelben Lilien, orangeroten Sonnenblumen und goldfarbenem Sonnenhut.

Kurz bevor wir uns voneinander verabschiedeten, nahm ich noch eine warme, ärmellange Tüte Épis (Zöpfe aus Brötchenteig) mit, die meine Arme schön ausbalancierte.

»Treffen wir uns zum Kaffee«, hatte meine Freundin vorgeschlagen. Und wie immer hatte die in dieser Einladung enthaltene Verheißung nicht getrogen. Kaffee hat eine Kraft, an die nichts sonst wirklich heranreichen kann.

Wir treffen uns nicht wegen Rosenkohl, Blumen oder eingelegter roter Zwiebeln. Wir treffen uns zum Kaffee, und irgendwo mitten in all dem Geschnuppere und schlückchenweisen Trinken entfaltet der Kaffee seinen Zauber. Er lockert Schulterpartien, lässt Anspannungen verschwinden und bringt auf sanfte Tour wieder Lächeln in die Züge. Im Verlauf von nur *einer* Tasse öffnen sich Herzen. Und werden manchmal Herzen geheilt! Das ist dann eine äußerst starke Tasse.

Shannon Woodward

Die Trocknung

Anfangs haben die noch unverarbeiteten Kaffeekirschen einen Feuchtigkeitsgehalt von etwa 60 Prozent. Zur Gewinnung eines für den Transport geeigneten, marktfähigen Kaffees müssen sie bis zu einem Feuchtigkeitsgehalt von maximal 11 Prozent getrocknet werden.

In Brasilien, und in geringerem Umfang auch in Mittelamerika, werden die Kaffeekirschen bzw. die in der so genannten »nassen Kaffeeaufbereitung« bereits von ihrer gesamten Umhüllung (vgl. dazu die Infotafel *Kleiner Steckbrief*) befreiten Kaffeebohnen typischerweise auf großen asphaltierten oder betonierten Terrassen in langen flachen Aufschüttungsreihen getrocknet. Das Trocknen auf Terrassen hilft, den Trocknungsprozess zu beschleunigen, und verhindert, dass es bei den Bohnen zu einer Fermentierung kommt oder sie zu schimmeln beginnen. Längs jeder Aufschüttungsreihe verbleibt jeweils ein freier, von der Sonne erwärmter und getrockneter Bodenstreifen. Jede halbe Stunde werden die Reihen aufgeschütteter Kaffeekirschen bzw. Bohnen auf die jeweils daneben befindlichen trockenen Bodenstreifen umgeschichtet. Dieses Umschichten wird im Fall der bereits aufbereiteten Bohnen 6 bis 7 Tage lang und im Fall der natürlich getrockneten Kaffeekirschen – im Rahmen der so genannten »trockenen Aufbereitung« – 12 bis 14 Tage lang fortgesetzt.

Ein Feuchtigkeitsmessgerät wird zur Messung des Feuchtigkeitsgehalts verwendet, und wenn dieser sich auf etwa 15 Prozent einpendelt, werden die Kaffeekirschen bzw. Kaffeebohnen zur Fertigtrocknung in maschinelle Trockner befördert. Das Entziehen dieser letzten paar Prozent Feuchtigkeit ist der langsamste Abschnitt des Kaffeetrocknungsprozesses, und in Umgebungen mit hoher Luftfeuchtigkeit findet der gesamte Trocknungsprozess in maschinellen Trocknern statt.

In Afrika wird der meiste Kaffee unter Verwendung von Trocknungstischen getrocknet. Das ist die beste, aber außerhalb von Afrika am wenigsten gebräuchliche Methode der Kaffeetrocknung.

Hier werden die entpulpten und fermentierten Kaffeebohnen in dünnen Schichten auf erhöht aufgestellten Auflageflächen ausgebreitet, wodurch der Kaffee der Luft rundherum zugänglich ist. Die trocknenden Bohnen werden manuell durchmischt. Dieses Verfahren führt zu einer einheitlicheren Trocknung und einer geringeren Fermentation.

Eine relativ neue Trocknungsmethode ist die Verwendung von solaren Kaffeetrocknern. Sie sind sparsamer als maschinelle Trockner, die mit Kraftstoff oder Strom betrieben werden, und sie sind effizienter als das Trocknen auf Terrassen. Leider werden sie, trotz dieser Vorteile, nicht besonders häufig verwendet.

Kaffee-Plauderei

Ei, wie schmeckt der Coffee süße,
lieblicher als tausend Küsse,
milder als Muskatenwein.

J.S. Bach, »Kaffeekantate«

Meine Leidenschaft für Kaffee kochte zum ersten Mal in meinem sechsten Lebensjahr auf, als Oma Anna den warmen goldbraunen Zaubertrank in meine Tasse einschenkte. Es begann alles an unserem Küchentisch, wo sich Omas schwedische Freundinnen zu ihren *Kaffee-kalas* oder Kaffeepartys versammelten. Elsa, Mia, Ellen und Linnea brachten immer Backwaren zum gemeinsamen Verzehr mit, und Oma backte häufig einen Schwung ihrer berühmten schwedischen Kardamombrötchen. Ich war die offizielle Begrüßerin und ganz hibbelig, mich schnellstmöglich an meinem Platz am Tisch einzufinden, um die Köstlichkeiten zu entdecken, die mich dort erwarteten. Der Gedanke, Kaffee werde mein Wachstum hemmen, verlautete bei mir daheim nie.

Meine Tasse enthielt Oma Annas speziellen schwedischen

Eikaffee. In jenen ganz frühen Jahren bekam ich zu gleichen Teilen Sahne und Kaffee sowie ein Stück Zucker in die Tasse. Später entdeckte ich Omas Rezept. Das war ein breiiges Gemisch aus gemahlenem Kaffee, geschlagenem Ei und kaltem Wasser, das in eine aufgesetzte Kanne kochenden Wassers eingerührt wurde. Die Kochplatte wurde abgeschaltet und noch mehr kaltes Wasser hinzugegeben. Das Ganze musste dann zehn Minuten ziehen, bis das Kaffeepulver sich gesetzt hatte. Manchmal wurde das Gemisch mit gemahlener Eierschale angereichert. Das Ergebnis war ein purer, klarer, goldbraun gefärbter und angenehm mild schmeckender Kaffee. Ich kann noch immer das gehaltvolle Aroma jenes goldbraunen Kaffees riechen, und ich trage es in meinen Erinnerungen mit mir.

Ich weiß noch, dass ich ziemlich befremdet war, als ich das erste Mal sah, wie Oma zu dem Gemisch zerriebene Eierschale hinzugab. »Oma, ich glaub' nicht, dass ich den Kaffee mit Eierschalen mag«, sagte ich ihr eines Morgens. »Kann ich die rausschmecken? Kratzen die auf der Zunge?«

»Mein kleines süßes Enkelkind«, sagte Oma Anna, »mach dir über die Eierschalen keine Sorgen. Die vermischen sich mit dem Kaffeepulver und setzen sich am Kannenboden ab. Du wirst gar nicht mitkriegen, dass sie überhaupt da waren.«

Oma Anna lutschte immer ein *Sockerbit* (Stück Zucker), während sie anmutig ihren Kaffee schlürfte. Wenn mein Kaffee zu heiß war, erlaubte sie mir, vorsichtig etwas davon in die Untertasse zu gießen und ihn daraus schlückchenweise zu trinken. An unserem Küchentisch begann aber nicht nur meine Leidenschaft für Kaffee, sondern Oma und ihre Freundinnen brachten mir auch feine Tischmanieren und die Kunst der Konversation bei. Was für ein Glück hatte ich da als Fünfjährige, mit von der Partie sein zu dürfen! Das Kaffeeritual, das diese Frauen miteinander teilten, war gesellig, eine Pause von der harten Arbeit, die sie tagtäglich durchstanden. Es gab damals keine automatischen Waschmaschinen, Trockner oder Geschirrspüler. Oma Anna sprach normalerweise Englisch, aber bei diesen Kaffeepartys wurde ausschließlich Schwedisch gesprochen, und ich verstand sehr bald jedes Wort.

Heute ist Kaffee ein gigantischer globaler Wirtschaftszweig, und Coffee Houses sind mittlerweile der Hit. Der Kaffee hat es weit gebracht seit jenen lang vergangenen Kaffee-Partys rund um unseren Küchentisch. Aber dieser gegenwärtige Hit ist nicht neu. Es waren ja nicht nur die Freundinnen meiner Großmutter, die sich zum Kaffee und zur Geselligkeit um den Tisch versammelten. Schon seit Jahren kommen Männer und Frauen in vielerlei, ganz unterschiedlichen Umgebungen zum Kaffee zusammen.

Während meiner Berufslaufbahn als Sekretärin freute ich mich auf Kaffeepausen. Meine erste Erfahrung 1956 war ein bisschen einschüchternd. Ich arbeitete für eine große internationale Firma, in einer ihrer kleinen Büroanlagen. Jeden Tag kamen die Sekretärinnen mit den stellvertretenden Vorsitzenden zu ihren Pausen zusammen. Die Sekretärinnen machten und servierten den Kaffee. Mehrere Wochen lang erfolgte von mir ausgehend her keine Kaffee-Plauderei. Es war anders als auf

Oma Annas Kaffeepartys. Es fehlten die vertrauten Gesichter und das schwedische Geplapper. Aber bald begann ich mich wohlzufühlen, wenn die Männer ihre Reiseerlebnisse mitteilten, in entferntesten Ländern und Orten, von deren Besuch ich bloß träumen konnte. Später, als junge Ehefrau und Mutter, genoss ich Kaffee zusammen mit Freundinnen und Nachbarinnen, eine seinerzeit regelmäßige Gepflogenheit.

Was für einen Spaß würde es machen, mich mit Oma Anna in einer Kaffee-Plauderei über die letzten Kaffee-Trends zu unterhalten! Sie wäre erstaunt und wahrscheinlich ein bisschen durcheinander angesichts der Vielfalt erhältlicher Kaffeesorten, diverser Kaffeegeschmacksnoten und der Namen von einigen der beliebtesten Kaffeegetränke.

»Oma Anna, ich möchte dich sehr gern mit meinem Lieblingsgebräu bekannt machen – einem Latte mit Espressokaffee, aufgeschäumter entrahmter Milch und einem Schuss Vanille, extra heiß. Vielleicht würde dir ja ein Cappuccino, ein Mokka oder ein Espresso schmecken. Ich habe zwar in keinem meiner Lieblings-Coffee-Houses ein Stück Zucker auftreiben können, aber wahrscheinlich wirst du es nicht vermissen.«

Als Schriftstellerin eise ich mich gern vom Haus und den täglichen Ablenkungen los, um mit meinem Laptop bewaffnet – in einem Café zu arbeiten. Aber ich verspüre noch immer das Bedürfnis nach Kaffee-Plauderei. Mein Mann und ich genießen oft gemeinsame Zeit bei einer Tasse Kaffee. Wir experimentieren daheim gern mit neuen Geschmacksrichtungen, und eine Tasse Kaffee nach dem Essen ist zu unserem Ritual geworden. Inbegriffen in unserem Ritual sind Kaffeetassen, die wir aus Schweden mitbrachten, wo wir die Orte besuchten, die unsere Großeltern ihr Zuhause nannten.

»Auch wenn ich ein Fan der Coffee Houses des einundzwanzigsten Jahrhunderts bin, vermisse ich deine Küchentisch-*Kaffee-kalas*. Ich trinke mit Genuss vielerlei Kaffee, habe aber nie etwas gefunden, das an deinen schwedischen Eikaffee herankommt und die Erinnerungen an unsere Kaffee-Plauderei rings um den Küchentisch aufwiegen könnte. Ich verstehe nicht mehr viel Schwedisch, aber du gabst mir das dauerhafte Geschenk der Gastfreundschaft und eine Leidenschaft für Kaffee. Dafür sage ich dir und deinen Freundinnen *Tüsen tack* – Tausend Dank.«

Sharon Kingan Young

Kaffee bedeutet »Ohana«

Murr nicht, wenn deine Freund' abfallen! Droht
Der erste Sturm, so fallen auch die Blätter.
Wann sich dein Schicksal aufhellt, nun, dann wandre
Zum Kaffeehaus und nimm dir einfach andre.

Lord Byron, »Don Juan«

»Möchten Sie einen Kaffee, bevor wir landen?«, fragte die Stewardess, während unsere Maschine Kona auf Big Island von Hawaii ansteuerte.

»Oh ja, danke sehr«, antwortete ich und atmete das köstliche Aroma ein, ehe ich ein Schlückchen trank.

Der Mann in dem Sitz neben mir lächelte und sagte: »Sie mögen Kaffee.« Es war eine Feststellung, keine Frage, aber ich antwortete trotzdem.

»Ich liebe ihn«, sagte ich und lächelte in Gedanken daran, wie sehr auch mein Vater Kaffee geliebt hatte.

Er stand immer frühmorgens auf, noch ehe wir Übrigen wach wurden, kochte Kaffee, schenkte sich eine Tasse ein und setzte sich an den Küchentisch, um seinen Tages- und Wochenablauf zu planen. Bald darauf kam mein kleiner Bruder hereinspaziert und gesellte sich zu ihm. Papa goss immer einen guten Fingerbreit Kaffee in eine Tasse ein und füllte sie mit Milch auf, gab einen Teelöffel Zucker hinzu, und dann teilten sie ihren gemeinsamen Morgenkaffee. Das war ein heiß geliebtes Ritual. Danach schenkte Papa eine weitere Tasse ein, trug sie ins Schlafzimmer, wo meine Mutter noch schlief, und weckte sie sanft. Kein Wecker war ihr je so angenehm.

»Wissen Sie, es könnte gut sein, dass einige der Bohnen in Ihrem Kaffee aus meinem Anbau stammen«, sagte mein Sitzgenosse und zog mich damit in die Gegenwart zurück.

Ich sah ihn interessiert an, und er fuhr fort: »Möchten Sie unsere Kaffeeplantage besichtigen, während Sie auf der Insel sind?«

»Das würden wir sehr gern.« Mein schnarchender Mann saß auf der anderen Seite des Mittelgangs, daher sprach ich für uns beide. »Wo befindet sie sich denn?«

Er zog seine Visitenkarte heraus, schrieb eine Wegbeschreibung darauf und sagte, als er sie mir reichte: »Schauen Sie frühnachmittags an irgendeinem Tag während der Woche vorbei, da kann ich Sie persönlich herumführen.«

»Wir werden kommen«, versprach ich.

Mein Mann schüttelte den Kopf und lachte, als ich ihm von dem Gespräch erzählte und ihm die Visitenkarte zeigte. »Ich kann dich nirgendwohin mitnehmen, ohne dass du mit irgendjemand Fremdem Freundschaft schließt.« Er hielt kurz inne und fuhr dann fort: »Könnte Spaß machen. Such einen Tag aus, und wir gehen hin.«

Später in der Woche waren wir, sonnenverbrannt und für ein Abenteuer bereit, auf dem Weg zu den Kaffeeanbauhügeln und fanden mühelos die in unmittelbarer Nähe der Kona Historical Society gelegene Plantage. Wir schlenderten durch das anheimelnde, alte Gebäude, ein ehemaliges Warenhaus, das vielerlei historische Utensilien enthielt sowie Fotos aus längst vergangenen Tagen, darunter von Rindern, die auf jenem abfallenden Nutzland grasen, auf dem sich heute die Plantage befindet.

Unser Gastgeber begrüßte uns, sichtlich erfreut, dass wir auf seine Einladung zurückgekommen waren, und erzählte uns, dass das Gebäude einmal seinem Großvater gehört habe, und dass seine Familie hier schon seit vier Generationen lebe und das Land bestelle. Als die Viehzucht unrentabel wurde, bauten sie Kaffee an. Er zeigte uns Bäume, die seine Großmutter eigenhändig gepflanzt hatte, und riss von einer Traube Beeren an einem der niedrigen Bäume ein rot schimmerndes Exemplar ab.

»Das ist Kaffee«, sagte er, »reif und erntebereit. Drücken Sie sie zusammen.«

»Wie bitte?«

»Drücken Sie sie einfach zusammen, und sehen Sie, was passiert«, sagte er schmunzelnd.

Mein Mann hielt die Beere zwischen den Fingern und drückte zu. Heraus platzte eine weiche, klebrige Substanz mit einer kleinen durchscheinenden Bohne darin.

»Kosten Sie sie«, wurden wir ermuntert.

»Das meinen Sie nicht ernst, oder?«, erwiderte ich.

»Doch, Sie werden sich wundern.«

Also kosteten wir die klebrige Masse und stellten fest, dass sie ziemlich süß war.

»Schleimstoff«, sagte er uns. »Er schützt und nährt die Kaffeebohnen, während sie innen drin heranwachsen.«

Dann hob er den Arm und verwies mit einem ausholenden Schwenk auf Tausende von Kaffeebäumen, die auf sanft zum Ozean hin abfallendem Nutzland wuchsen. »Perfekt für Kaffeeanbau, warm genug, um ein gutes Wachstum zu fördern, und jeden Nachmittag gibt's Regenschauer.«

Wir schlossen den Rundgang ab und sahen mit an, wie die Bohnen handverlesen, sortiert, aufbereitet und, zum Verkauf auf der ganzen Welt, versandfertig eingesackt wurden. Dann standen wir unter einer Ansammlung heimischer Bäume und probierten seinen erlesensten, aus den besten Beständen stammenden Kaffee.

Seine Mutter, die bei der Historical Society als Dozentin fungierte, brachte aus Latten gezimmerte Kisten mit auf der Farm angebautem Gemüse und Obst und stellte sie unter den Baum neben den Kaffee. Der kleine Sohn unseres Gastgebers fuhr ganz in der Nähe auf seinem Rad. Wir empfanden ein echtes Gefühl von »Ohana«, was im Hawaiischen »Familie« bedeutet. Dieses Land gehörte zu seiner Familie und war ein Bestandteil ihres ureigenen Seins. Wir hatten ein neues Verständnis und eine neue Wertschätzung für Kaffee und die arbeitsintensiven Mühen gewonnen, die erforderlich sind, uns diese Tassen zu liefern, nach denen wir tagtäglich lechzen. Abermals lächelte ich in Gedanken an meinen Vater.

»Ohana.« Von einer Familie in Hawaii bis zu unserem kleinen Haus in Georgia hegen wir alle warmherzige, mit dem Kaffee verbundene Familienerinnerungen.

Jean Stewart

10 Erkennungsmerkmale eines Kaffee-Liebhabers

- Ihr Traumurlaub ist eine Reise nach Kolumbien, um dort Juan Valdez kennen zu lernen.
- Ihre Kaffeetassen-Sammlung ist auf Ihrer *MySpace*-Website ins Netz gestellt.
- Sie kauen Kaffeebohnen statt Kaugummi.
- Ihre Kinder werden »Latte« oder »Mokka« genannt.
- Eines der wichtigsten Dinge, auf die Sie bei einem neuen Wagen achten, ist die Größe des Tassenhalters.
- Sie haben ernsthaft erwogen, Ihr Haus mit einer Hypothek zu belasten, um eine Dunkin'-Donuts-Filiale eröffnen zu können.
- Ihr Ziel ist es, sehr wohl die Bohne – respektive unzählige Schuss Kaffeepulver – wert zu sein.
- Wenn jemand fragt: »Wie geht es Ihnen?«, antworten Sie: »Gut bis auf den letzten Tropfen.«
- Ihren Katzen gaben Sie die Namen »Espresso« und »Cappucino«.
- Sie freuen sich auf den alltäglichen Mahltrott.

Danksagungen

Das Zusammenstellen, Redigieren und Publizieren eines Buchs erfordert die Energie und Fachkompetenz vieler Menschen. Zuerst einmal: ein ganz großes Dankeschön an unsere Familien, die uns mit Liebe und Ermutigung unterstützen. Vielen Dank, Inga, Christopher, Travis, Riley, Oran, Kyle, Patty, Elisabeth, Melanie und Brian!

Hinter den Kulissen sorgen Dutzende talentierter, begeisterter Mitarbeiter, Freiberufler und Praktikanten fortwährend dafür, dass bei Chicken Soup for the Soul Enterprises, den Selbstbewusstseins-Seminaren, Mark Victor Hansen and Associates sowie unserem Verlag, Health Communications, Inc. (HCI), alles reibungslos läuft.

Das Vorstellungsvermögen und Engagement Peter Vegsos, unseres Verlegers, befördert *Hühnersuppe für die Seele* in die Welt.

Patty Aubery und Russ Kalmaski haben mit Liebe, Lachen und unerschöpflicher Kreativität an dieser Reise teilgenommen.

Patty Hansen hat die rechtlichen und mit der Lizenzierung zusammenhängenden Aspekte jedes einzelnen Bandes sorgfältig und kompetent abgewickelt, und Laurie Hartman ist nach wie vor die unschätzbare Hüterin der speziellen Chicken-Soup-Marke.

Michelle Adams, Noelle Champagne, D'ette Corona, Lauren Edelstein, Jody Emme, Teresa Esparza, Jesse Ianniello, Tanya Jones, Debbie Lefever, Barbara LoMonaco, Mary McKay, Dee Dee Romanello, Gina Romanello, Veronica Romero, Brittany Shaw, Shanna Vieyra, Lisa Williams und Robin Yerian unterstützen Jacks und Marks Arbeit mit Geschick und Liebe.

Wir schätzen die Fähigkeiten der von Michelle Matriciani geleiteten Lektoratsabteilung des HCI und die des von Larissa Hise-Henoch geleiteten HCI-Kreativteams, dessen Bemühungen jedem einzelnen Buch seine Besonderheit geben. Und ein Dankeschön an die übrigen Mitarbeiter bei HCI, die schon allein wegen ihrer großen Anzahl ungenannt bleiben müssen: Sie kümmern sich hingebungsvoll und professionell darum, dass unsere sämtlichen Bücher, Exemplar für Exemplar, in die Hände der Leser gelangen.

Aufgrund der Bemühungen von Claude Choquette und Luc Jutras bei der Lizenzagentur Montreal Contacts kommen Leser auf der ganzen Welt in den Genuss der in über sechsunddreißig Sprachen übersetzten Bände aus der *Hühnersuppe für die Seele*-Reihe.

Unser Dank und unsere Wertschätzung gehen an die Hunderte von Beitragsschreibern, die ihre Geschichten über ihre Kaffeeleidenschaft mit uns teilten. Wir haben sie alle mit Vergnügen gelesen und bedauern, dass wir nicht jede einzelne von ihnen publizieren konnten.

Und wir bedanken uns bei der Gruppe von Kaffee-Liebhabern, die sich angeboten haben, uns beim Auswählen der vorliegenden Geschichten zu helfen: Nora Chesler, Gerald DeShields, Connie Hrbacek, Sharon Mason, Monica Ott, Juanita Pacito, Ellen Packo, Sallie Rodman, Teresa Schleifer, Franklin Shenkman, Lisa Trentacosta, Cathy Ward, Dave Wilkins und Maria Williams.

Über die Autorinnen und Autoren

Die Geschichten in diesem Buch sind Originalbeiträge oder früher veröffentlichten Quellen wie etwa Büchern, Zeitschriften und Zeitungen entnommen. Wenn Sie irgendeine(n) der Beiträger(innen) kontaktieren möchten, um sich über seine/ihre Schriftstellerei zu informieren, oder die/den Betreffende(n) einladen möchten, in Ihrer Gemeinschaft einen Vortrag zu halten, so sehen Sie seine/ihre Kontaktinformationen im jeweiligen biografischen Kurzporträt nach.

Christa Allan unterrichtet Englisch an einer Highschool in Louisiana, wo sie mit ihrem Mann Ken, ihrer Tochter Sarah und zwei zur Familie gehörenden Katzen lebt. Sie ist zudem auch die Mama von Michael, Erin, Shannon und John, die Schwiegermama von Lesley und Andrae sowie die Oma von Bailey, Emma und Hannah. Sie können sich Christas Betrachtungen auf www.cballan.wordpress.com zu Gemüte führen, denn auf dieser Website bloggt sie ihren Weg zur Veröffentlichung und darüber hinaus.

Aaron Bacalls Arbeiten sind in den meisten überregionalen Zeitschriften sowie mehreren Cartoonsammlungen erschienen und für Reklame, Grußkarten, Wandkalender sowie mehrere Werbebücher von Unternehmen verwendet worden. Drei seiner Cartoons werden in der Dauerausstellung in der Baker Library der Harvard Business School gezeigt. Er ist zu erreichen unter seiner E-Mail-Adresse abacall@msn.com.

Chris Bancells ist seit nunmehr drei Jahren ein glücklich koffeinierter Ehemann. Nachdem er zusammen mit seiner Frau das Land bereiste, kehrte er nach Maryland zurück, um Schriftsteller und Lehrer zu werden. Er hat in der *Diamondback*- und der *Aegis*-Zeitung sowie auch im *Orioles*-Magazin publiziert. Wenn Sie mehr lesen wollen, besuchen Sie bitte die Website www.runningbowline.com.

Marcia E. Brown ist eine in Austin, Texas, ansässige freiberufliche Schriftstellerin, die sehr gern, und vor allem für ihren Enkel, Familiengeschichten bewahrt. Seit 1993 erscheinen ihre Arbeiten regelmäßig in Magazinen, Zeitungen und Erzählbänden. Mehrere ihrer Geschichten haben Preise gewonnen.

Isabel Bearman Buchers Werkpalette reicht von Forschungsbeiträgen bis zu Herzensgeschichten. Mit Robert, ihrem Ehemann seit achtundzwanzig Jahren, bereist sie die Welt durch jeweiligen Wohnungstausch. Sie hat vier Kinder, fünf Enkelkinder und einen Urenkel. Ihr Buch *Nonno's Monkey: An Italian-American Memoir* spielt in den 1940ern und ist aus der oftmals verwirrten Perspektive einer Sechsjährigen erzählt. Besuchen Sie Isabel auf der Website www.oneitaliana.com.

Gary Carroll war vormals Pastor im kirchlichen Führungsgremium der Christian Union von Ohio. Er erwarb den Titel eines Bachelor of Arts am Circleville Bible College in Circleville, Ohio, und erhielt sein Abschlussdiplom am Sonntag, dem 18. Mai 1980, just dem Tag, an dem der Mount Saint Helens ausbrach.

Ruth Coe Chambers ist Psychologin (Graduierung an der California State University in Fresno) und die Autorin des Romans *The Chinaberry Album* sowie von Kurzgeschichten und Artikeln. Ihr Bühnenstück *Changing Places* errang 2005 den ersten Preis im First Coast Writers' Festival Playwriting Contest von Florida, und sie hat vor kurzem ein Prosamanuskript und ein Bühnenstück fertig gestellt. Sie können Ruth per E-Mail kontaktieren, unter der Adresse RuthCChambers@aol.com.

Harriet Cooper ist eine in Toronto, Canada, ansässige freiberufliche Schriftstellerin und Humoristin, deren Arbeiten in zahlreichen Zeitungen, Zeitschriften und Sammelbänden erschienen sind. Sie schreibt über Ernährung, Gesundheit, Familie, Beziehungen, Katzen und Kaffee – mit Milch.

Lola di Giulio de Maci liebt das Schreiben für Kinder. Ihre Inspiration holt sie sich von ihren mittlerweile erwachsenen Kindern und den vielen Kindern, die sie im Lauf der Jahre unterrichtet hat. Sie ist Beitragsautorin für *Hühnersuppe für die Seele*-Bücher und zugleich auch eine inspirierende Rednerin. Sie schreibt in einem sonnigen, himmelblauen Dachstudio mit einem Panoramablick auf die San Bernardino Berge. E-mailen Sie ihr unter der Adresse LdeMaci@aol.com.

Ruth Douillette ist Mittelstufenlehrerin. Sie schreibt für ihre Stadtzeitung und tritt als regelmäßiger Gast in »Around the Table«, einer Talkshow des örtlichen Kabelfernsehens, auf. Ihre Arbeiten sind im *Christian Science Monitor*, dem Onlinejournal *flashquake* und *Under Our Skin*, einem Sammelband zum Thema Brustkrebs, erschienen. Ruth ist Mitglied des Internet Writing Workshops, wo sie die Praxisgruppe mitverwaltet.

Cheryl Dudley hat einen an der University of Idaho erworbenen Mastertitel und ist in der Öffentlichkeitsarbeit tätig. Außerdem ist sie freiberufliche Schriftstellerin und hat bereits vor dem Erscheinen ihres ersten Buchs (bei The Lions Press im Jahr 2007) mehrere Arbeiten, unter anderem Gedichte, Biografien und Kurzgeschichten, veröffentlicht. Cheryl lebt nach wie vor in Moscow, Idaho, mit ihrem Mann Don – und den vier Pferden der beiden.

Rhonda Eudaly lebt in Arlington, Texas, wo sie in Ämtern, im Bankgeschäft, beim Rundfunk, in der Live-Soundproduktion und im Bildungswesen gearbeitet hat, um ihre Schreibleidenschaft und ihre Katze Dixon zu alimentieren. Sie hat eine Liste recht unterschiedlicher Veröffentlichungen, sowohl mit erzählerischen als auch mit sachliterarischen Arbeiten, vorzuweisen, die unter www.RhondaEudaly.com ins Netz gestellt ist.

Greg Faherty hat Gedichte sowie mehrere fiktionale und nicht-fiktionale Geschichten veröffentlicht, eine davon in *Chicken Soup for the Teenage Soul IV*. Wenn er und seine Frau sich nicht gerade zusammen mit ihren Hunden Bewegung verschaffen oder gesunde Mahlzeiten zubereiten, betreibt er eine eigene, auf die professionelle Abfassung von Lebensläufen spezialisierte Servicefirma (Webadresse: www.a-perfect-resume.

com) und besorgt, nebenberuflich, das Korrekturlesen und Redigieren von Texten.

Debbie Farmer schreibt die in mehreren Zeitungen landesweit erscheinende humoristische Kolumne »Family Daze«. Ihre Aufsätze sind in mehreren regionalen und überregionalen Elternzeitschriften sowie auch in mehreren *Hühnersuppe*-Sammelbänden publiziert. Sie lebt in Kalifornien und ist per E-Mail unter debbie.farmer@yahoo.com oder über ihre Website www.familydaze.com zu erreichen.

Louise Foerster schmeckt Kaffee zu jeder Zeit, an jedem Ort. Die Kaffeefreuden versorgen sie mit der nötigen Energie zum Schreiben, Spazierengehen, Lesen und zum gemeinsamen Genießen des Lebens mit ihren Freunden und ihrer Familie.

Cynthia Hamonds Geschichten stehen in zahlreichen *Hühnersuppe für die Seele*-Sammelbänden, dem Sammelband *Stories for the Heart* aus dem Multnomah-Verlag und größeren Printmedienveröffentlichungen, unter anderem dem *Woman's World*-Magazin sowie, über den Vertrieb des King Features Syndicate, in Zeitungen und Zeitschriften weltweit. Sie erhielt zwei Writing Awards, und *Anthology Today* brachte ein Autorenporträt von ihr. Zwei ihrer Geschichten wurden fürs Fernsehen bearbeitet. Besuchen Sie sie auf ihrer Website www.Cynthiahamond.com.

Patrick Hardin ist ein freiberuflicher Cartoonist, dessen Arbeiten in unterschiedlichsten Zeitschriften und Büchern auf der ganzen Welt erscheinen. Patrick ist per E-Mail zu erreichen unter hardin_cartoons@comcast.net.

Jonny Hawkins ist seit 1986 beruflich als Cartoonist tätig. Seine Arbeiten sind in über 370 Printmedien wie etwa *Reader's Digest*, *Forbes*, *Boy's Life* und *Woman's World* erschienen. Seine Bücher, einschließlich *The Awesome Book of Healthy Humor* und seiner *Cartoon-A-Day*-Kalender, sind in den USA überall erhältlich.

Jeremy R. Hope ist ein freiberuflicher Schriftsteller und Seemann, der mit seiner Frau, seinen zwei Kindern und seinen Tieren in Maryland lebt. Wenn er nicht gerade liest, schreibt, meditiert und dabei zusieht, wie die Dinge aus seinem Garten wachsen, braut er etwas zusammen – entweder zum Niederschreiben, zum genüsslichen Trinken oder zum Singen. Besuchen Sie Jeremy auf seiner Website unter www.wahzoo-news.blogspot.com.

Dawn Howard ist eine Vollzeit-Mama und eine Teilzeit-Schriftstellerin, die Texte für Websites und Handelsblätter schreibt. Dieses ist ihr zweiter Beitrag zur *Hühnersuppe für die Seele*-Reihe.

Patricia Hoyt erwarb ihren Master-of-Education-Titel an der University of Oregon. Sie war über zwanzig Jahre lang als Grundschullehrerin tätig und ist jetzt glücklich im Ruhestand. Patricia verbringt ihre zusätzliche Zeit mit der Aufzucht exotischer Hühner, dem Unterrichten von Wasseraerobic sowie Gartenarbeit und der Arbeit mit den Jugendlichen in ihrer Kirchengemeinde. Sie hat zuvor schon eine Geschichte in *Chicken Soup to Inspire a Woman's Soul* veröffentlicht.

Jennie Ivey lebt in Cookeville, Tennessee. Sie ist Zeitungskolumnistin und Autorin von zwei Büchern, nämlich *Tennessee Tales the Textbooks Don't Tell* und *E Is for Elvis*. Sie hat zahlreiche fiktionale und nicht-fiktionale Texte veröffentlicht, unter anderem auch Geschichten in fünf *Hühnersuppe für die Seele*-Sammelbänden. Kontaktieren Sie sie unter ihrer E-Mail-Adresse jivey@frontiernet.net.

Abha Iyengar ist eine Schriftstellerin, Lyrikerin, Cyber-Künstlerin, Aktivistin, Yogaenthusiastin und Fotografin. Sie liebt das Reisen und das Erleben des Neuen. Ihre Arbeiten sind unter anderem erschienen in der *Chicken Soup for the Soul Healthy Living*-Sonderreihe, den Sammelbänden *Knit Lit Too* (über das Thema Stricken) und *The Simple Touch of Fate* (über schicksalhafte Erfahrungen) sowie den literarischen Journalen *Arabesques Review*, *Scribe Spirit*, *Kritya*, *riverbabble* und *flashquake*. Kontaktieren Sie Abha unter ihrer E-Mail-Adresse abhaiyengar@gmail.com.

Betty King ist Autorin von drei Büchern, den thematisch zusammenhängenden autobiografischen Bänden *It Takes Two Mountains to Make a Valley* und *But – It Was in the Valleys I Grew* sowie des Geschichtenbandes *The Fragrance of Life*. Sie arbeitet als Kolumnistin für die überregionalen Blätter *Lifestyle* und *Devotional* und hält Vorträge zum Thema Multiple Sklerose, der Krankheit, mit der sie selbst lebt.

Mary Caffrey Knapke lebt in Troy, Ohio. Sie ist diplomierte Absolventin der Ohio University und der National University of Ireland in Galway und hat Beiträge für die Associated Press, für das US-Außenministerium und eine Reihe von regionalen und überregionalen Printmedien geschrieben. Gegenwärtig arbeitet sie als freiberufliche Schriftstellerin und als Englischlehrerin am Edison Community College.

Dolores Kozielski arbeitet als geprüfte Feng-Shui-Praktikerin in New Jersey und Pennsylvania. Sie ist eine bei bedeutenden Buchverlagen, unter anderem HarperCollins, veröffentlichte Autorin und preisgekrönte Lyrikerin. Dolores ist eine Beiträgerin für den Band *Stress* der *Chicken Soup for the Soul Healthy Living*-Sonderreihe und für *Chicken Soup for the Sister's Soul 2*. Sie ist zu erreichen unter der Webadresse www.FengShuiWrite.com.

Michelle Mach ist eine in Colorado lebende freiberufliche Schriftstellerin. Ihre Arbeiten sind in vielen weiteren Sammelbänden, unter anderem in *Chicken Soup for the Shopper's Soul*, *Classic Christmas: True Stories of Holiday Cheer and Goodwill* sowie auf einem Kaffeelabel für Story House Coffee erschienen. Besuchen Sie Ihre Website unter www.michellemach.com.

Jacqueline J. Michels ist Ehefrau, Mutter, Großmutter und eine humoristische Kolumnistin für den *Peninsula Clarion* in Soldotna, Alaska.

Rosemary Mild ist, mit ihrem Ehemann Larry, Koautorin der bis jetzt dreibändigen *Paco & Molly* Mystery-Reihe: *Boston Scream Pie*, *Hot Grudge Sunday* und *Locks and Cream Cheese*. Außerdem schrieb sie *Miriams Gift: A Mother's Blessings – Then and Now*, ein Ehrentribut an ihre Tochter, die bei dem terroristischen Bombenanschlag auf eine auf dem Transatlantikflug-Kurs befindliche Boeing 747 der PanAm über Lockerbie, Schottland, ums Leben kam.

Eileen Mitchell ist eine freiberufliche Schriftstellerin aus Nordkalifornien. Sie schreibt die monatliche »Hundeleben«-Kolumne für den *San Francisco Chronicle* und verfasst häufig

Beiträge für das *The Bark*-Magazin und die religiöse Internetplattform *Beliefnet* (Webadresse: www.beliefnet.com). Sie ist zu erreichen unter ihrer E-Mail-Adresse mitchei@sbcglobal.net.

Shana McLean Moore ist die Koautorin von *Femail: A Comic Collision in Cyberspace* und die Verfasserin von *Caffeinated Ponderings on Life, Laughter & Lattes*. Sie hofft, dass Sie mal vorbeischauen, um etwas von ihrem Fresh Brew zu genießen, indem Sie ihren kostenlosen Newsletter auf www.caffeinatedponderings.com abbonieren.

Kara Newman ist eine in New York ansässige, auf Essen und Kulinarisches sowie Wein und Spirituosen spezialisierte Schriftstellerin. Sie ist zu kontaktieren unter ihrer Webadresse www.karanewman.net.

Mark Parisis »Off the mark«-Einzelbild-Comic erscheint bereits seit 1987 und wird über United Media vertrieben. Marks Humor ziert außerdem Grußkarten, T-Shirts, Kalender, Zeitschriften, Newsletter und Bücher. Besuchen Sie bitte seine Website unter der Adresse www.offthemark.com. Lynn ist seine Frau und Geschäftspartnerin; ihrer beider Tochter Jenny steuert (unter Mitwirkung von drei Katzen) Inspiration bei.

Ava Pennington ist Bibelschullehrerin, freiberufliche Schriftstellerin, öffentliche Rednerin und eine ehemalige Personalabteilungsleiterin. Sie machte ihren Master der Betriebswirtschaftslehre an der St. John's University in New York und erwarb ihr Bibelstudien-Zertifikat am Moody Bible Institute in Chicago. Ava teilt ihre Zeit zwischen Unterrichten, Schreiben, Vorträgehalten und ehrenamtlichen Tätigkeiten auf. Kontaktieren Sie sie unter ihrer E-Mail-Adresse rusavapen@yahoo.com.

Dr. phil. ***Elizabeth H. Phillips-Hershey*** ist Koautorin eines Kinderbuchs für Acht- bis Zwölfjährige, *Mind Over Basketball: Coach Yourself to Handle Stress,* und hat im *Appleseeds*-Magazin, *Faces*-Magazin und *Latitudes and Attitudes*-Magazin publiziert. 1998 überquerten Elizabeth und ihr Ehemann Bob den Atlantik auf ihrem dreizehn Meter langen Segelboot. Acht Jahre lang durchsegelten sie das Mittelmeer.

Kay Conner Pliszka hat zahlreiche Preise für ihre Arbeit mit gefährdeten Schülern in Schulen und in der Gemeinde gewonnen. Nach ihrer Pensionierung vom Schuldienst ist sie jetzt eine freiberufliche Schriftstellerin und Rednerin. Kay hat Geschichten in mehreren *Hühnersuppe für die Seele*-Büchern publiziert und war die Mitgewinnerin des Short-Story-Wettbewerbs zum 10. Jahrestag der *Hühnersuppe*-Reihe. Sie ist zu erreichen unter ihrer E-Mail-Adresse kmpliszka@comcast.net.

Connie K. Pombo ist eine Autorin, inspirierende Rednerin und Gründerin der Women's Mentoring Ministries in Mount Joy, Pennsylvania. Sie spricht vor Krebsgruppen im ganzen Land, unter anderem vor dem jährlich tagenden »Weekend of Hope«-Forum in Stowe, Vermont, wo sie ihre Leidenschaft für das Schreiben erstmals entdeckte. Sie ist zu erreichen unter den Webadressen www.conniepombo.com und www.womensmentoringministries.com.

Kay Presto ist Autorin eines preisgekrönten Buchs, Fotografin und eine ehemalige Talkshow-Moderatorin. Sie ist eine internationale Profirednerin und war Reporterin bei CNN

Television und Mutual Radio. Zu den Auszeichnungen für ihre schriftstellerische Arbeit zählt unter anderem der von der National Association of Female Executives (NAFE) in New York verliehene Women of Achievement Award 2005. Außerdem ehrt sie Senioren/Seniorinnen auf der »Sensational Senior Society«-Website von Presto Productions (Adresse: www.shirts4seniors.com). Kay ist zu erreichen unter der E-Mail-Adresse prestoprod@verizon.net.

Carol McAdoo Rehme leitet eine gemeinnützige Agentur, die Vintage Voices, Inc. Sie ist eine überaus produktive Schriftstellerin, Herausgeberin und Koautorin zahlreicher Geschenkbücher. Ihr jüngstes Projekt, *Chicken Soup for the Soul: Empty Nesters,* wurde im Herbst 2008 veröffentlicht. Kontaktieren Sie sie unter ihrer E-Mail-Adresse carol@rehme.com.

Kayleen J. Reusser hat über 2000 Artikel in Zeitungen, Büchern und Zeitschriften publiziert, unter anderem in den Magazinen *Today's Christian Woman*, *Indianapolis Monthly* und *Ft.Wayne News-Sentinel*. Dies ist Kayleens dritte in der *Hühnersuppe für die Seele*-Reihe publizierte Geschichte. Kayleen ist zu erreichen unter ihrer E-Mail-Adresse kjreusser@adamswells.com oder unter der Webadresse www.xariscomhosting.com/kayleen.htm.

Victoria Roder ist die Direktorin am Zion Lutheran Day Care Center und schreibt gern in ihrer Freizeit. Sie hat ein Skript bei *One Way Street, Inc.* veröffentlicht; ihre Arbeiten sind im *Farm Life Magazine* erschienen, und sie hat Ende 2007 ihren ersten Roman fertig gestellt. Victoria lebt auf dem Land mit ihrer Familie und ihren Haustieren.

Sallie A. Rodman ist eine preisgekrönte Schriftstellerin, deren Geschichten in verschiedenen *Hühnersuppe*-Sammelbänden und Zeitschriften erschienen sind. Sie und ihr Ehemann leben in Südkalifornien, wo sie ihren Lieblingskaffee im dortigen Starbucks genießen; er – den extra starken normalen, sie – den Vanille-Karamell-Macchiato. E-mailen Sie ihr unter ihrer Mail-Adresse sa.rodman@verizon.net.

Donald Rogers ist ein ehemaliger Feuerwehrhauptmann aus Seattle, der jetzt in der Baseball-Spielzeit für das Seattle Mariners Major League Team arbeitet. Kaffee half ihm, eine sich über vierundzwanzige Jahre erstreckende Berufslaufbahn zu Ende zu führen, und ist in den ganzen zehn Jahren seit seiner Pensionierung ein verlässlicher Morgenbegleiter beim Umbauen des Hauses, bei der Altenbetreuung und beim Alpinskifahren geblieben.

Maureen Rogers ist eine umgesiedelte Kanadierin, die im Raum von Seattle lebt, das viele als die Kaffeehauptstadt der Welt kennen. Sie hat in Zeitungen, Sammelbänden und online publiziert. Ihre schriftstellerischen Projekte umfassen Erzähltexte, Lyrik und Aufsätze, die alle mithilfe von mindestens zwei morgendlichen Tassen Kaffee hervorgebracht werden.

Debbie Roppolo ist eine freiberufliche Schriftstellerin, die mit ihrem Ehemann und ihren zwei Kindern im Texas Hill Country daheim ist. Ihre Arbeiten sind in Sammelbänden wie etwa *Chicken Soup for the Dog Lover's Soul* sowie in Onlineveröffentlichungen und Printmedien erschienen.

Julie B. Sevig ist Schriftstellerin und Mitherausgeberin des *The Lutheran*-Magazins in Chicago, Illinois. Als Mutter von drei

Kindern unter vier Jahren steht sie voll und ganz auf ein spezielles Lied, nämlich den »Coffee-Song« von der Kindermusik-Band Ralph's World: »M-o-m-m-y needs c-o-f-f-e-e.« Ihr Familientisch-Gebetbuch *Peanut Butter and Jelly Prayers* kann man vom Morehouse Publishing Verlag beziehen.

Barbara Smith ist eine freiberufliche Schriftstellerin/Herausgeberin und Medizinethikerin, emeritierte Professorin für Literatur und Schriftstellerei sowie ehemalige Lehrstuhlinhaberin an der Fakultät für Geisteswissenschaften des Alderson-Broaddus College in Philippi, West Virginia. Und was noch wichtiger ist – neben der Tatsache, dass sie mindestens sechs Kaffeefirmen in Betrieb hält: Sie ist eine Sportfanatikerin.

Joyce Stark lebt in Nordostschottland und hat sich vor gut zwei Jahren aus dem Kommunalverwaltungsdienst zurückgezogen. Inzwischen hat sie bereits zwei Bücher geschrieben, eines über ihre Reisen in den USA und ein zweites, in dem sie versucht, noch sehr kleinen Kindern eine andere Sprache beizubringen. Sie können sie unter der E-Mail-Adresse joric.stark@virgin.net erreichen.

Jean Stewart, Mutter von Zwillingstöchtern, ist Schriftstellerin und wohnt mit ihrem Ehemann, in nunmehr 46-jähriger Ehe, in Mission Viejo, Kalifornien. Ihre Familien-, Kindererziehungs- und Reisegeschichten sind in weiteren *Hühnersuppe für die Seele*-Büchern sowie auch in Zeitungen und Zeitschriften zu finden.

Theresa Theiler lebt, zusammen mit ihrem Ehemann, drei Hunden und einer Katze. Sie ist die Autorin von *Soul Stories:*

Personal Transformational Myths sowie weiterer Geschichten und Artikel.

Cristy L. Trandahl ist freiberufliche Schriftstellerin und die Mutter von sechs Kindern. Sie schreibt Beiträge für viele landesweit vertriebene Sammelbände und hält Vorträge über Kindererziehungsfragen. Für weitere Informationen besuchen Sie bitte Cristys Website unter der Adresse www.cristytrandahl.com.

Ellen Hunter Ulken hat *Beautiful Dreamer: The Life of Stephen Collins Foster* geschrieben und eine Kurzbiografie von *Bernard de Marigny de Mandeville, Statesman, Gambler, Founder of the City of Mandeville*, die man über die St. Tammany Parish Historical Society in Louisiana beziehen kann. Ellen lebt jetzt in Peachtree City, Georgia, und arbeitet vornehmlich als Essayistin.

Samantha Ducloux Waltz ist eine in Portland, Oregon, ansässige freiberufliche Schritstellerin. Ihre sehr persönlichen Essays sind ihr bevorzugtes Mittel dafür, eine gewisse Ordnung in ihre immer interessante, häufig chaotische Welt zu bringen, und sind in einer Reihe von aktuellen Sammelbänden sowie im *Christian Science Monitor* nachlesbar.

Debra Weaver ist eine Schriftstellerin und Pädagogin mit einer weit gefächerten Zielgruppenerfahrung. Sie hat Schüler aller Lehrstufen, von der Vorschule bis zur Highschool, unterrichtet und Erwachsene in Arbeitsplatzfähigkeiten geschult. Unlängst hat sie ein Coaching-Programm für aufstrebende Schriftsteller(innen) gestartet.

Cheryl Elaine Williams ist eine pensionierte freiberufliche Schriftstellerin, die in Westpennsylvania wohnt. Sie hat Freude an familiären Aktivitäten, schriftstellerischen Aufgaben, Gartenarbeit und der Aufzucht von Wellensittichen.

Shannon Woodward schreibt und ediert/redigiert von Marysville, Washington, aus, wo sie mit ihrem Ehemann (einem Pastor der freien christlichen Calvary Chapel Gemeinde) und ihren beiden Kindern lebt. Sie ist eine Kolumnistin für *Christian Women Online*, eine Beiträgerin zu mehreren Erzählbänden und die Autorin von drei Sachbüchern. Besuchen Sie Shannon auf ihrer Website www.shannonwoodward.com oder unter der Adresse www.windscraps.blogspot.com.

Mary K. Young arbeitete nach ihrer Pensionierung viele Jahre in einer Teilzeitfunktion für eine Lokaltageszeitung, *den Punxsutawney Spirit*, für die sie Newsberichte, Features und eine »Meine Familie und ich« betitelte Kolumne schrieb. Mary hat drei Söhne, fünf Enkelkinder und teilt zurzeit ihr Zuhause mit zwei sehr verwöhnten Katzen.

Sharon Kingan Young wohnt im westlichen Stadtteil von Des Moines, Iowa. Ihre Arbeiten sind veröffentlicht in dem Sammelband (der *Cup of Comfort*-Buchreihe) *A Cup of Comfort for Weddings: Something Old, Something New* sowie in Zeitschriften, unter anderem den Magazinen *The Iowan*, *ByLine*, *Collectors News* und *GRIT*.

Abdruckgenehmigungen

Wir möchten ausdrücklich den vielen Verlagen und Einzelpersonen danken, die uns die Genehmigung zum Wiederabdruck des vorliegenden Textmaterials erteilten. Jeder Inhalt, dem kein bestimmter Autor explizit zugeordnet ist, wurde von Theresa Peluso verfasst. Die Partien unbekannten Ursprungs, ebenso diejenigen, die mittlerweile zum Gemeingut zählen, sowie auch diejenigen, die von Jack Canfield, Mark Victor Hansen oder Theresa Peluso verfasst wurden, sind in der nachfolgenden Liste nicht aufgeführt.

Gemeinsamer Boden – Common Grounds. Wiederabdruck mit Genehmigung von Cynthia Hamond. ©2006 Cynthia Hamond.

Die Gewohnheit ablegen. Wiederabdruck mit Genehmigung von Debbie L. Farmer. ©2004 Debbie L. Farmer.

Dem Papa Kaffee machen. Wiederabdruck mit Genehmigung von Gary Carroll. ©2007 Gary Carroll.

Das Café Martin. Wiederabdruck mit Genehmigung von Ruth Coe Chambers. ©2006 Ruth Coe Chambers.

Mittelmeerkaffee. Wiederabdruck mit Genehmigung von Joyce Stark. ©2004 Joyce Stark.

Kaffee mit Milch, bitte. Wiederabdruck mit Genehmigung von Harriet Cooper. ©2007 Harriet Cooper.

In der Zwischenzeit. Wiederabdruck mit Genehmigung von Lola di Giulio de Maci. ©2006 Lola di Guilio de Maci.

Koffein und ein Lächeln. Wiederabdruck mit Genehmigung von Ruth Douillette. ©2006 Ruth Douillette.

Eine Lebensart. Wiederabdruck mit Genehmigung von Cheryl Dudley. ©2007 Cheryl Dudley.

Enthüllungen einer Fanatikerin guten Kaffees. Wiederabdruck mit Genehmigung von Rhonda Eudaly. ©2006 Rhonda Eudaly.

Eine Tasse Liebe. Wiederabdruck mit Genehmigung von Greg Faherty. ©2006 Greg Faherty.

Camping-Kaffee. Wiederabdruck mit Genehmigung von Chris Bancells. ©2007 Chris Bancells.

Sonnenaufgangs-Caffè. Wiederabdruck mit Genehmigung von Isabel Bearman Bucher. ©2007 Isabel Bearman Bucher.

Feuerwehr-Kaffee. Wiederabdruck mit Genehmigung von Don Rogers. ©2007 Don Rogers.

Archaisches Gebräu. Wiederabdruck mit Genehmigung von Jeremy R. Hope. ©2007 Jeremy R. Hope.

Kaffee aus der Untertasse. Wiederabdruck mit Genehmigung von Marcia E. Brown. ©2006 Marcia E. Brown.

Ein neuer Grund fürs Körpertraining. Wiederabdruck mit Genehmigung von Patricia Hoyt. ©2006 Patricia Hoyt.

Käse und Kaffee. Wiederabdruck mit Genehmigung von Dawn Howard. ©2006 Dawn Howard.

Lagerfeuerkaffee – es gibt nichts Besseres! Wiederabdruck mit Genehmigung von Jennie Ivey. ©2006 Jennie Ivey.

Eine Tasse schwarzer Kaffee. Wiederabdruck mit Genehmigung von Abha Iyengar. ©2006 Abha Iyengar.

Anschauungsunterricht zu einer Tasse Kaffee. Wiederabdruck mit Genehmigung von Harriet Cooper. ©2006 Harriet Cooper.

Mit Anerkennung serviert. Wiederabdruck mit Genehmigung von Betty King. ©2007 Betty King.

Eine unerwartete Geheimzutat. Wiederabdruck mit Genehmigung von Mary Caffrey Knapke. ©2006 Mary Caffrey Knapke.

Traueranzeige. Wiederabdruck mit Genehmigung von Jacqueline J. Michels. ©Jacqueline J. Michels. Ursprünglich erschienen im *Kenai Peninsula Clarion* unter dem Titel »Verschlafe in Frieden«.

Eine Tasse Weihnachten. Wiederabdruck mit Genehmigung von Michelle Mach. ©2007 Michelle Mach.

Salute! LeChaim! Banzai! Auf das Leben! Wiederabdruck mit Genehmigung von Dolores Kozielski. ©2006 Dolores Kozielski.

Keine zwei Tassen sind gleich. Wiederabdruck mit Genehmigung von Ellen Hunter Ulken. ©2000 Ellen Hunter Ulken. Ursprünglich erschienen auf ineedcoffee.com, einer nichtkommerziellen Spezialwebsite zum Thema Kaffee.

Arigato! Wiederabdruck mit Genehmigung von Rosemary Mild. ©2007 Rosemary Mild.

Warum ist eigentlich … Kaffee legal? (Aber klar bin ich froh, dass er es ist!). Wiederabdruck mit Genehmigung von Shana Mc-

Lean Moore. ©2004 Shana McLean Moore. Ursprünglich erschienen in ihrem Buch *Caffeinated Ponderings*.

Eis ist heiß. Wiederabdruck mit Genehmigung von Kara Newman. ©2006 Kara Newman. Ursprünglich erschienen im *Fresh Cup*-Magazin.

Duftende Erinnerungen. Wiederabdruck mit Genehmigung von Ava Pennington. ©2006 Ava Pennington.

Eine generationsübergreifende Liebesbeziehung. Wiederabdruck mit Genehmigung von Dr. phil. Elizabeth H. Phillips-Hershey. ©2007 Dr. phil. Elizabeth H. Phillips-Hershey.

Die Wahrheit in Sachen Kaffee. Wiederabdruck mit Genehmigung von Kay Conner Pliszka. ©2006 Kay Conner Pliszka.

Berührt von einem Kaffee liebenden Engel. Wiederabdruck mit Genehmigung von Connie K. Pombo. ©2007 Connie K. Pombo.

Mamas Kaffeekanne. Wiederabdruck mit Genehmigung von Kay Presto. ©2006 Kay Presto.

Lebenszyklus einer Tasse Kaffee im Leben einer Mutter. Wiederabdruck mit Genehmigung von Christa Allan. ©2007 Christa Allan.

Der schönste Teil des Aufwachens. Wiederabdruck mit Genehmigung von Carol McAdoo Rehme. ©2007 Carol McAdoo Rehme.

Eine Lektion in verzeihender Nachsicht. Wiederabdruck mit Genehmigung von Kayleen J. Reusser. ©1990 Kayleen J. Reusser. Ursprünglich veröffentlicht im Sammelband *Christmas: Celebrating the Joy of Faith and Family* der *God's Way*-Buchreihe und im *The Lookout-Magazin*.

Ein Geschenk unter Schwestern. Wiederabdruck mit Genehmigung von Victoria Roder. ©2007 Victoria Roder.

Eine besonders HERZhafte Mischung. Wiederabdruck mit Genehmigung von Sallie A. Rodman. ©2006 Sallie A. Rodman.

Die Leiche in meinem Keller. Wiederabdruck mit Genehmigung von Mary K. Young. ©2007 Mary K. Young.

Mister-Coffee-Blues. Wiederabdruck mit Genehmigung von Maureen Rogers. ©2006 Maureen Rogers.

Nur vorsichtig nähern! Wiederabdruck mit Genehmigung von Debbie Roppolo. ©2006 Debbie Roppolo.

Ein teures Pfund Kaffee. Wiederabdruck mit Genehmigung von Julie B. Sevig. ©2007 Julie B. Sevig.

Geschenk der pfefferminzmokka-mäßigen, fettarmen Weisen aus dem Morgenland. Wiederabdruck mit Genehmigung von Eileen Mitchell. ©2005 Eileen Mitchell. Ursprünglich veröffentlicht auf beliefnet.com, der führenden Website für Glaube, Spiritualität, Inspiration und noch mehr.

Hütet euch vor Tee-Liebhabern! Wiederabdruck mit Genehmigung von Barbara Smith. ©2006 Barbara Smith.

Kaffeetassen. Wiederabdruck mit Genehmigung von Isabel Bearman Bucher. ©1998 Isabel Bearman Bucher. Ursprünglich veröffentlicht in »Country Accents«, *Albuquerque Journal*, SAGE-Sparte.

Koffeinfurie: eine finstere Röstung. Wiederabdruck mit Genehmigung von Cristy L. Trandahl. ©2007 Cristy L. Trandahl.

Mokkavernarrtheit. Wiederabdruck mit Genehmigung von Samantha Ducloux Waltz. ©2007 Samantha Ducloux Waltz.

Die Herausgeber

Jack Canfield

Jack Canfield ist Mitschöpfer und Herausgeber der *Hühnersuppe für die Seele*-Reihe, die im *Time*-Magazin als »das verlegerische Phänomen des Jahrzehnts« bezeichnet wurde. Die Reihe umfasst mehr als 140 Titel mit über 100 Millionen Exemplaren und ist in siebenundvierzig Sprachen erhältlich. Neben seiner schriftstellerischen Tätigkeit gibt er Seminare und Schulungen zur persönlichen und beruflichen Weiterentwicklung.

Mehr Informationen unter www.jackcanfield.com
info4jack@jackcanfield.com

Mark Victor Hansen

Zusammen mit Jack Canfield ist Mark Victor Hansen Herausgeber der *Hühnersuppe für die Seele*-Reihe, Bestseller-Autor, bekannter Persönlichkeitscoach und ein beliebter Redner in den USA.

Mehr Informationen unter www.markvictorhansen.com

Theresa Peluso

Theresa Peluso hat sich schon immer für Bücher begeistert und arbeitet seit über dreißig Jahren in einem großen Verlag. Sie ist Koautorin einiger Bände von *Hühnersuppe für die Seele* und lebt in Florida mit ihrem Mann und zwei Katzen.

Mehr Informationen unter www.hcibooks.com
teri@coffeeloverssoul.com